교회와 세계사

커피 한잔과 함께하는
교회와 세계사

심호섭

1판 2쇄 / 2012. 06. 10

펴낸이 / 최헌근
펴낸곳 / 말씀과만남
등록번호 / 제20-444호
등록일자 / 1991. 6. 19

138-220 서울특별시 송파구 잠실동 339-3
전화 / (070)7531-6321 팩스 (033)252-6323
전자우편 / mmpress@hanmail.net

ISBN 978-89-7508-227-6 (03230)

값 12,000원

잘못된 책은 바꾸어 드립니다.

커피 한잔과 함께하는

교회와 세계사

심호섭 지음

말씀과만남

오덕교 (합동신학대학원대학교 총장, 역사신학교수)

역사는 기술하는 사람의 관점에 따라 설명됩니다. 무신론자의 입장에서 역사를 서술하면 인간적인 너무나 인간적인 탐욕적인 역사가 되고, 유신론자에게는 역사 배후에 일하시는 하나님의 손길을 우선 생각하게 함으로 역사는 살아계신 섭리로 기록될 것입니다. 유신론자라고 하여 다 같은 입장에서 역사를 서술할 수는 없습니다. 신앙적 입장에 따라 역사 해석이 다를 수 있기 때문입니다. 그러므로 기독교인이라고 하여 다 같은 입장에서 역사를 서술할 수는 없습니다. 어떤 이는 천주교의 입장에서, 다른 이는 프로테스탄트의 입장에서 역사를 서술할 수 있기 때문입니다.

프로테스탄트라고 하여도 다 같은 입장에서 역사를 서술할 수는 없습니다. 루터파의 입장과 칼빈파의 입장이 다르고, 신령주의자와 합리주의자의 입장이 다릅니다. 그러므로 교회 역사에 대한 서술은 그것을 기록하고 있는 이의 입장이 매우 중요합니다. 바른 입장에서 역사를 서술할 때 독자들에게 큰 도움을 줄 수 있지만 그렇지 못할 때 해가 될 수도 있기 때문입니다.

이러한 관점에서 볼 때 심호섭 목사님이 이번에 펴낸 [교회와 세계사]는 개혁주의적 입장에서 서술한 아주 훌륭한 역사서라고 할 수 있습니다. 심 목사님은 경건한 목회자이면서도 학사 에스라와 같은 역사가와 신학자입니다. 언행이 일치하는 삶, 영감이 있고 생동감 있는 설교를 통하여 미국 조지아에서 존경받는 목회자로 우뚝 서 있습니다. 그가 이처럼 우뚝 서게 된 것은 그의 경건과 학문만이 아니라 역사적 통찰력, 곧 교회를 세상으로부터 고립시키지 않으면서 세상의 빛과 소금으로의 사명을 다하는 집단으로 보는 그의 역사관이 바로 교회를 교회되게 한 원동력이 되었다고 봅니다. 이러한 그의 신학적·역사적 입장이 이번에 출판하는 [교회와 세계사]에 잘 나타나고 있습니다.

[교회와 세계사]는 심호섭 목사님의 섬세하고 심오한 역사관이 나타나고 있습니다. 역사를 과거의 한 사건으로 보지 않고 오늘의 현재와 연결시키고, 우리와 관계없는 먼 지역에서 일어난 사건이 아니라 그것이 우리가 살고 있던 시대와 접목함으로 현실감이 있게 역사를 서술하고 있습니다. 예를 들어, 서양의 교회사를 논하면서 그것이 동양사 특히 한국사와

연결시킴으로 극동의 한국에 살던 우리 민족과 어떤 관계를 갖고 있는지 설명하고 있습니다. 또한 역사 인물들의 성장 배경과 업적에 대한 자세한 설명, 역사 속에 일어난 사건들에 대한 배경에 대한 구체적인 정보를 제공함으로 독자들로 하여금 역사 현장에 와 있는 듯한 느낌을 갖게 하고 있습니다. 심 목사님은 이처럼 역동적이고 섬세하며 해박한 지식을 동원한 역사를 서술하고 있습니다.

[교회와 세계사]는 초대 기독교의 역사로부터 시작하여 16세기의 종교개혁자들의 활동까지를 다루고 있습니다. 이 책을 통하여 교회 역사를 이끌었던 인물들에 대하여 쉽게 이해할 수 있을 뿐만 아니라 역사에 대한 풍부한 지식을 얻을 수 있고, 덤으로 세계사의 맥락 속에서 교회 역사가 어떻게 흘러 왔는지를 엿볼 수 있을 것입니다. 이처럼 귀한 책이 신학의 정체성을 잃고 방황하는 이와 같은 시기에 나오게 된 것을 진심으로 환영하며, 독자들은 이 책을 통하여 역사 속에 섭리하시는 하나님의 뜻을 발견하고, 기독교인으로서의 정체성을 확실하게 다질 수 있을 것으로 기대합니다.

이 글은 이미 연재되었던 '평신도를 위한 성경과 세계사'의 후편이라고 할 수 있습니다. '성경과 세계사'에서 성경의 사건들을 역사적으로 족장시대부터 사도시대까지를 다루었다면, '교회와 세계사'는 그 이후의 역사를 정리해 보고자 하는 것입니다. 사도시대 이후를 교회시대라고 기독교회사에서 분류합니다. 필자는 특히 이 글에서 사도시대 이후의 교회사와 함께 세계사를 엮어보고자 합니다. 그리스도의 교회는 예수 그리스도를 구주로 고백하는 신자들의 공동체입니다. 삼위일체 되신 하나님만이 유일하신 신이시며 예수 그리스도만이 유일한 구원의 길임을 믿고 고백하는 성도들의 공동체인 것입니다. 이 글을 통해서 필자는 독자들과 함께 교회의 역사를 세계사와 함께 배우며 교훈을 얻고자 합니다.

기독교회는 A.D. 1세기의 예수님의 십자가의 죽음과 부활, 그리고 승천 이후 제자들이 모이면서 확장되기 시작했습니다. 예루살렘에서의 오순절에 마가의 다락방에서 성령강림의 사건은 초대교회의 부흥의 불길을 붙였습니다. 예루살렘 교회를 시작으로 곳곳에 교회가 세워지기 시작했습니다. 복음을 듣고 거듭난 이들에 의해 그들이 살던 곳에 교회가 자생적으로 생기는가 하면, 사도들에 의해 복음이 전해지고 교회가 세워져 나갔습니다.

그러면 '교회'라는 말의 의미를 먼저 살펴볼 필요가 있습니다. 구약 성경에서는 '교회'라는 말이 직접 쓰이지 않았습니다. 그러나 교회라는 개념을 가지고 있는 단어를 찾을 수는 있습니다. 구약성경에 나타나는 히브리어 '카할'과 '에다'가 그것입니다. 카할은 '의논하기 위해서 소집된 공동체'라는 뜻으로 '회중'을 뜻하였습니다. 그리고 '에다'는 '택함을 받아 모인 집단'이라는 뜻으로 사용되었으나, 구약성경을 최초로 헬라어로 번역한 '70인역'에서는 카할이라는 히브리어를 '에클레시아'라는 헬라어로 번역했고, '에다'라는 히브리어는 '시나고게'라는 헬라어로 번역하였습니다. 그래서 신구약 성경에서 '교회'라는 말에는 카할과 에클레시아를 사용해서 '하나님께서 특별히 부르셔서 모인 공동체'라는 뜻으로 굳어졌고, 에다와 시나고게는 '유대인들이 예배를 드리기 위해서 모이는 회당'으로 의미가 제한되었습니다. 그래서 기독교의 교회는 에클레시아로, 유대인의 회당은 시나고게로 구별해서 부르게 되었습니다. 이것은 유대교와 기독교가 구별되는 중요한 전환점이 되었습니다.

'에클레시아'라는 헬라어는 본래 일반적인 모임을 뜻했습니다. 이 말은 기독교가 그리스도인들이 모이는 공동체라는 뜻으로 사용하면서 기독교의 전문용어로 사용하게 되었습니다. 교회를 뜻하는 영어의 church, 독일어 Kirche, 스웨덴어 kyrka 등은 헬라어 kyrike에서 나온 말입니다. 이 말은 '주님께 속한 공동체'라는 의미를 갖고 있습니다.

그런데 '교회'라는 말로서 신약성경에 사용된 헬라어 단어 '에클레시아(ekklesia)'가 있는데도 불구하고 kyrike를 사용한 것은 종교개혁자 마틴 루터가 교회 에클레시아라는 말을 싫어하고 키리케라는 말을 즐겨 썼기 때문입니다. 그 영향을 많이 받은 독일 교회와 유럽의 교회들이 '주님께 속한 공동체'라는 뜻으로 church(영어), Kirche(독일어), kyrka(스웨덴어)를 사용하게 되었던 것입니다.

반면에 로마를 중심한 나라들은 헬라어 에클레시아를 따라서 라틴어 ecclesia, 스페인어 iglesia, 불어 eglise, 이태리어 chiesa 등의 말로 교회를 표시했습니다.

이 책이 나오도록 신문에 연재를 허락하신 미국에서 발행

되는 크리스챤 타임스와 추천의 글을 써주신 합동신학대학원 총장 오덕교 총장님에게 감사를 드립니다. 그리고 출판을 허락하신 '말씀과만남' 출판사에도 감사의 마음을 남깁니다.

미국 애틀랜타에서 심호섭

차례 _

차례 _

차례 _

그리스도의 교회는 예수 그리스도를 구주로 고백하는 신자들의 공동체입니다. 삼위일체 되신 하나님만이 유일하신 신이시며 예수그리스도만이 유일한 구원의 길임을 믿고 고백하는 성도들의 공동체인 것입니다.

1. 네로 황제와 핍박받는 기독교

로마제국의 황제 네로

　예수님과 사도시대의 지중해 지역은 로마라는 거대
제국이 지배하던 때였습니다. 지중해는 남부 유럽과 지
금은 흔히 중동지역이라고 불리는 서남아시아, 그리고
북아프리카에 둘러싸인 바다입니다. 당시 이탈리아 반

도의 한 작은 촌락 로마가 성장하면서 이탈리아 반도를 통일하였습니다. 그 후 로마는 북 아프리카의 큰 세력인 카르타고와의 포에니 전쟁을 거쳐 서북아프리카와 이베리아반도를 포함하는 지중해 서쪽을 지배하게 되었습니다. 그리고 로마는 동쪽으로 세력을 넓혀 알렉산더 이후의 분열된 헬라제국을 차례로 무너뜨리고 지중해의 동부까지 모두 지배하게 되었습니다.

그런 역사적인 배경 가운데서 예수님의 탄생이 있게 되었던 것입니다. 예수님의 탄생과 관련하여 성경은 그 시기를 '가이사 아구스도가 영을 내려'라고 분명한 역사적인 때를 알게 해 줍니다. 가이사 아구스도는 쥴리어스 시이저(라틴어식 발음으로는 쥴리우스 카이사르)의 양자로서 로마의 첫 번째 황제가 된 옥타비아누스(Gaius Octavianus)입니다. 예수님 이후 사도들에 의해 로마제국내의 곳곳에 교회가 세워지고 지도될 때에 기독교인들에 대한 엄청난 박해가 있게 되었습니다. 그 사건은 바로 로마의 대화재로 인한 것이었습니다. 초대 기독교의 시작의 역사를 다룰 때 반드시 핍박의 역사를 언급하지 않을 수가 없습니다. 그 중에 로마시의 대 화재로 인하여 수많은 순교의 피를 흘리게 되었던 그 배경을 짚어볼 필요가 있습니다.

　사도시대였던 64년 여름, 로마제국의 수도 로마시에는 누구도 상상하지 못한 대 화재가 발생했습니다. 6일 동안 강력한 불길이 온 도시를 휩쓸었습니다. 14개 구역으로 나누어진 도시 중 10개 구역이 완전히 폐허가 되었습니다. 당시 사람들 사이에는 황제 네로(Tiberius Claudius Nero Domitianus Caesar)가 로마를 자신의 뜻대로 다시 건설하기 위해 로마시에 불을 지른 것이라는 소문이 떠돌게 되었습니다. 그런 소문은 퍼져가며 확대되어서 후에는 로마가 불타고 있는 동안 네로황제가 수금을 타며 노래했다는 소문으로까지 발전하였습니다. 그러자 시민들의 분노는 네로를 향하게 되었습니다. 네로는 자신의 위기를 탈출하기 위해 희생양을 찾았는데 그 대상이 기독교인들이었습니다. 네로는 기독교인들이 로마시를 불질렀다고 알리고 그들을 박해하기 시작하였던 것입니다.

네로가 황제가 된 경위를 살펴보는 것도 흥미 있는 일입니다. 네로황제의 아버지 그나이우스 도미티우스 아헤노바르부스는 40년경에 죽었으며, 네로는 아우구스투스황제의 증손녀이자 어머니인 아그리피나 손에 자랐습니다. 아그리피나는 두 번째 남편을 독살한 뒤, 삼촌인 클라우디우스황제(Tiberius Claudius Nero Caesar Drusus)의 아내가 되어 황제의 친아들인 정통 후계자 브리탄니쿠스를 제쳐두고 자기 아들 네로를 후계자로 삼도록 황제를 설득시켜 황제의 딸 옥타비아를 네로와 결혼시켰습니다. 그녀는 황제와 결혼하기 전인 48년에 황제의 전처였던 발레리아 메살리나의 살해에 가담하기도 했으며, 55년에는 브리탄니쿠스를 독살하는 등 네로를 권좌에 앉히기 위해 끊임없이 음모를 꾸몄고 자신을 반대하는 궁정 고문관들을 제거했습니다. 54년에 황제가 죽자마자 그녀는 자기편인 근위대장인 섹스투스 아프라니우스 부루스를 통해 근위대가 네로를 황제로 선포하게 만들었습니다. 따라서 원로원에서는 이 사실을 받아들여야만 했으며, 로마 제국 역사상 처음으로 17세도 채 안 된 소년에게 절대권이 넘어갔던 것입니다. 이 소년 네로가 황제의 자리에 오른 지 10년째 되는 해에 화재가 발생하고 기독교인들에 대한 큰 핍박이 시작된 것입니다.

이때에 사도 베드로와 사도 바울이 순교하였다고 전해지고 있습니다. 그 전해지는 말에 의하면 베드로는 십자가에 거꾸로 달려 죽었다고 합니다. 사도 바울은 십자가형을 당하지 않았을 것으로 추정합니다. 그 이유는 당시 로마법에는 로마 시민은 십자가에 처형할 수 없도록 되어 있었기 때문입니다. 당시 로마의 사람들은 많은 신들을 숭배하였습니다. 그리스의 신들을 받아들여서 숭배하는가 하면 죽은 황제도 신으로 숭배하기까지 했습니다. 심지어 그들은 알려지지 않은 신까지도 숭배할 정도였습니다. 그런 환경 가운데서 기독교인들은 유일하신 하나님만을 섬기며 그 우상들을 숭배하지 않았습니다. 그런가하면 성찬식에서 사용하는 '그리스도의 몸과 피를 먹고 마신다'는 표현이 식인 풍습으로 오해를 받기도 했습니다. 또한 당시 노예와 여성을 차별하는 사회에서 기독교인들은 노예와 여자를 동등하게 대우하였습니다. 이런 차이점들과 오해들이 있는 가운데서 네로가 만든 누명으로 인해 기독교인들은 모두 죄인이 되었으며, 기독교인이라는 이유만으로 처형을 받게 되었던 것입니다. 그리고 화재로 인한 로마시민들의 분노가 기독교인들을 향하게 되었습니다.

2. 초대 기독교의 배경:

네로황제 이후

로마시에 있는 티투스의 개선문

64년에 발생한 로마제국의 수도 로마시의 대화재를 계기로 네로황제의 기독교인들에 대한 핍박이 시작되었습니다. 같은 해에 네로황제는 유대지역의 신임 총독으로 플로루스를 파송하였습니다.

67년에 로마 군인들에 의한 약탈과 학살이 진행되어 예루살렘의 유대인 3,600명이 죽는 사건이 발생했습니다. 결국 그 사건으로 인하여 로마군에 대한 유대인들의 반란이 일어나게 되었습니다. 유대인들은 예루살렘과 갈릴리의 로마군의 요새를 공격하였고, 로마 황제 네로는 베스파시아누스 장군(Titus Flavius Vespasianus)에게 6만 명의 군사를 주어 그 반란을 진압하게 하였습니다. 그 군대가 예루살렘을 제외한 지역을 점령한 후 유대인들이 남아있던 예루살렘을 공격할 준비를 하고 있을 무렵 로마시에서 반란이 일어나고 네로황제가 자살하였습니다. 네로의 죽음으로 갈바(Servius Galba Caesar Augustus)가 황제에 올랐으나 그도 반란으로 권력을 잡은 지 7개월만인 69년 초에 살해당하고 로마는 내전에 빠졌습니다. 그 후 결국 베스파시아누스가 황제의 자리에 오르게 되었습니다. 황제가 된 이후 그의 공식 이름은 Caesar Vespasianus Augustus 입니다. 그의 황제 취임으로 인해 새로운 플로비우스(Flavius)왕조가 시작되었습니다. 그리고 그 새 황제는 그의 큰 아들 티투스(Titus)에게 유대 지방의 반란을 진압하도록 하였습니다. 그리하여 그의 아들 티투스가 이끄는 로마군대에 의해 예루살렘은 70년에 함락되고 말았습니다. 그 때에 예루살렘 성전은 불에 타 무너지고 말았습니다. 예수님의 예언대로 돌 위에 돌 하나도 남지 않을 정도로 온 도시와 성전은 철저히 파괴되었습니다. 무너진 그 성전의 서쪽 벽만 남았는데 그것이 지금도 유명한 소위 통곡의 벽인 것입니다. 그리고 살아남은 유대인 군사들은 사해 근처의 산 위의 요새 마사다(Masada)로 도망하였으나 결국 모두 자살하고 말았습니다. 그것이 73년의 일입니다.

그 후 베스파시아누스황제는 79년에 죽게 되고 그의 아들 티투스가 황제에 오르게 되었습니다. 티투스가 황제의 자리에 오른 후 같은 해에 발생한 베수비(Vesuvius) 화산폭발은 근처의 폼페이를 비롯한 근처의 도시들을 역사에서 사라지게 하였고, 오랜 세월 역사에서 잊혀진 도시가 되었습니다. 티투스는 과거에 폼페이의 총행정관이었습니다. 그 티투스는 예루살렘을 정벌한 후 로마시에 개선장군으로 돌아왔고, 그것을 기념하기 위해 세워진 그의 개선문이 지금도 로마에 남아있습니다.

로마에 남아 있는 로마시대의 유적들 중에는 유명한 콜로세움이 있습니다. 그 건축물은 베스파시아누스가 시작하여 그의 아들 티투스의 때에 완성한 것입니다. 그 티투스는 예수님의 예루살렘 멸망에 대한 예언이 성취될 때의 인물로서 교회사에 그의 이름이 남게 되었습니다. 그는 황제 취임 후 2년 만인 81년에 갑자기 요절하였습니다.

티투스의 죽음으로 인해 그의 동생 도미티아누스가 황제의 자리에 올랐습니다. 그는 자신을 신으로 숭배할 것을 명하였고, 도미누스 에트 데우스 노스테르(우리 주와 하나님을 의미함)라는 칭호를 취하여 사람들에게 자신을 신으로 부르고 숭배하도록 강요하였습니다. 당시 많은 신들과 황제들을 숭배하던 사람들에게는 그것이 별 문제가 되지 않았습니다. 그러나 그리스도인들은 이 일에 참여할 수 없었습니다. 그리하여 도미티아누스 통치 말엽에 혹독한 박해가 다시 그리스도인들에게 닥쳤습니다. 아마도 사도 요한을 밧모 섬으로 유배시킨 사람이 도미티아누스였다고 생각됩니다. 요한계시록은 이러한 시대적 배경 가운데서 기록되어졌습니다. 그리고 96년에 도미티아누스가 암살당하자, 그를 계승하여 원로원 의원이었던 네르바(Marcus Cocceius Nerva)가 황제가 되었습니다. 그는 그리스도인들에 대해 비교적 관대하였는데 아마도 그가 요한을 석방시켰을 것으로 생각됩니다.

3. 1세기 말의 로마제국의 황제들:
네르바와 트라야누스

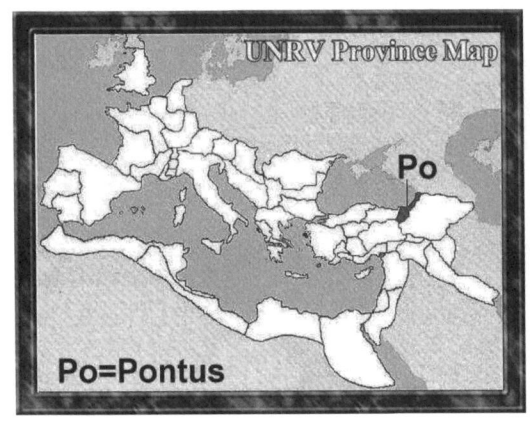

로마제국내과 본도(Pontus)

초대 기독교의 배경이 되는 A.D.1세기의 로마제국의 황제들을 정리해서 살펴보면 다음과 같습니다. 초대 황제가 되는 옥타비아누스 아우구스투스로부터 시작하여 티베리우스, 칼리굴라, 클라우디우스, 그리고 네로까지를 율리우스 클라우디우스 왕조라고 부릅니다.

그리고 네로 이후 권력의 공백기에 군인들이 서로 황제의 자리를 차지하려하여 약 1년 동안 세 명의 황제가 등장하였습니다. 그들은 갈바, 오토, 그리고 비텔리우스황제로서 그들을 군인황제로 구분합니다.

그들 이후 마지막 군인황제 베수파시아누스로부터 시작하여 티투스, 도미티아누스까지를 플라비우스 왕조로 부릅니다. 그리고 지난 글에서 마지막에 언급된 황제 네르바로부터 약 100년간 네르바 안토니우스 왕조가 시작됩니다.

우리는 신약성경과 초대 기독교 역사를 살피면 로마의 황제들의 이름들을 보게 됩니다. 따라서 그들에 대한 상식은 성경과 교회사의 이해에 큰 도움이 되는 것입니다.

네르바(Nerva)는 96년 9월부터 98년 1월까지 짧은 기간 황제의 자리에 있던 인물입니다. 그는 다섯 명의 현명한 황제라는 의미의 '5현제' 가운데 첫 번째 황제입니다. 유명한 원로원 집안에 태어나 황족인 율리우스 클라우디우스 가문 출신의 여자와 결혼했으며, 71년과 90년에는 콘술(집정관)을 지냈으며 도미티아누스 황제가 암살당한 뒤에 황제가 되었습니다. 은퇴했던 수많은 원로정치가들이 정계에 복귀해 그가 제국을 잘 다스릴 수 있도록 도왔는데, 네르바 정권의 기본방침은 폭군 도미티아누스가 공포정치를 위해 행사했던 방식을 거부하는 것이었습니다. 농지개혁 조치를 비롯한 백성들을 위한 여러 제도를 만들고 시행하였다고 합니다. 그는 후계자를 확실히 정해놓기 위해 97년에 게르만 속주의 한 지방 총독이었던 마르쿠스 울피우스 트라야누스를 양자이자 공동 통치자로 삼았는데, 그는 네르바가 죽은 뒤 황제가 되었습니다.

네르바의 뒤를 이어 황제가 된 트라야누스(Traianus)는 로마인으로서 스페인에서 태어났으며, 1세기 말부터 2세기 초까지 황제의 자리에 있었던 인물입니다. 그는 많은 건축을 하였으며, 제국의 영토를 넓히는 전쟁들을 수행하였습니다. 또한 네르바에 의해 준비되었던 여러 복지 정책들을 시행하기도 하였습니다. 후대의 로마인들은 트라야누스의 업적과 건축 사업에 매료되어 그의 재위기간을 초기 제국의 절정기로 간주했습니다. 4세기의 역사가 유트로피우스는 원로원이 황제에게 바칠 수 있는 최고의 찬사는 "아우구스투스 보다 더 운이 좋고, 트라야누스보다 더 훌륭하다"라고 표현하는 것이라고 말했습니다. 아우구스투스는 옥타비아누스를 말하는 것이며, 그가 예수님의 탄생 당시의 로마 황제였습니다. 성경의 가이사 아구스도가 바로 그인 것입니다. 그리고 트라야누스에 의해 지금의 동유럽의 루마니아 지역인 다키아가 정복되었으므로, 오늘날의 루마니아인들은 자신들이 트라야누스가 다키아에 정착시킨 로마인들의 후손이라고 주장합니다. 루마니아라는 말은 로마인의 땅이라는 의미입니다.

당시 소아시아 반도의 북부해안의 속주인 비티니아와 폰투스가 있었습니다. 한글 개역성경의 표현으로는 비두니아와 본도로 번역되어 있는 지명입니다. 그곳으로 플리니우스라는 인물이 총독직을 맡은 2년 동안 그와 트라야누스황제 사이에 오고간 편지들이 남아 있는데 이것들은 로마의 식민지의 행정을 연구하는 데 매우 중요한 자료이자, 당시 기독교에 대한 정책을 엿볼 수 있는 귀한 자료이기도 합니다.

한 편지에서 플리니우스는 트라야누스에게, 급격히 확산되는 그리스도교를 어떻게 처리할지 묻고 있습니다. 그리스도교도들은 일반적인 종교관행에 따르기를 거부해 사람들로부터 냉대를 받기는 하지만 플리니우스가 보기에는 아무런 해가 없는 집단이었습니다. 답장에서 황제 트라야누스는 그리스도교도들을 괴롭히거나 그들에 대한 근거 없는 비난을 받아들이지 말고, 명백히 반항을 저지르는 사람들만 처벌하도록 권고했습니다. 트라야누스 시대의 로마 정부는 기독교인에 대하여 관대한 입장이었던 것으로 볼 수 있습니다.

4. 교부: 이그나티우스와 폴리갑

서머나의 위치를 보여주는 지도

　사도들이 이끌던 초대교회에서 사도들의 뒤를 이은
지도자들을 교부라고 부릅니다. 교부라는 말은 '교회의
아버지'라는 의미로서 영어로는 Father of the Church
입니다. 그리고 그들이 교회를 이끌던 때를 교부시대라
고 교회사에서 말합니다. 교부시대의 초기 인물들 중에

이그나티우스(Ignatius)와 폴리갑(Policarp)을 생각하려고
합니다.

이그나티우스는 사도 베드로와 요한의 제자로 70년
부터 107년까지 37년 동안 수리아지방의 안디옥 교회의
감독으로 있었습니다.(여기서 수리아 지방이라는 한글 개역성
경의 표현은 일반적으로 시리아〈Syria〉로 발음합니다.) 이 지역은
현대의 레바논의 북부와 터키의 동남부지방을 말하는
것입니다. 특히 안디옥교회는 안디옥(Antioch)이라는 도
시에 세워진 교회로서 바울과 바나바를 선교를 위해 파
송했던 교회로 유명합니다. 지금은 터키의 안타키야
(Antakya)라는 이름의 보잘 것 없는 도시에 불과하지만,
사도 바울 당시에는 로마의 속주 중의 하나인 시리아의
수도로서, 로마 제국 안에서 로마와 이집트의 알렉산드
리아 다음가는 대도시였습니다. 당시에는 '동양의 여왕'
이란 별칭을 가질 정도로 아름답고 화려한 도시였다고
합니다.

이런 대도시에 위치한 교회사에 중요한 안디옥교회
를 목회하던 이그나티우스는 지난 글에서 언급했던 트

라야누스황제 때에 로마로 압송되어 원형극장에서 순교 당했다고 합니다.

　이그나티우스가 안디옥교회를 담당하고 있었다면, 소아시아 일곱 교회 중의 하나인 서머나(Smyrna)교회는 105년경에 사도 요한의 제자였던 폴리갑(Policarp)이 맡고 있었습니다. 그 서머나는 터키의 남부 해안 도시로서 현재의 이름은 이즈미르(Izmir)입니다. 서머나라는 이름은 '몰약'이라는 향료에서 유래한 것으로서 몰약성이라는 의미인 것입니다. B.C. 800년 경 헬라반도의 북부에서 내려온 도리아인(Dorians)들의 침략을 받아 그리스로부터 쫓겨난 이오니아인(Ionians)들이 바다 건너 이곳을 점령하고, 터키 중서부에 걸쳐 위대한 문명을 건설하였습니다. 지금의 터키의 영토인 이 지역을 포함해 당시 많은 해안 도시들이 헬라인들에 의해 세워졌으니, 비록 소아시아에 살지만 에베소나 서머나 등의 사람들은 헬라인들이 주를 이루었습니다. 일리아드와 오디세이 등의 작품으로 유명한 헬라의 서사시인 호머(Homer)가 태어나 활약한 곳도 바로 이곳 서머나였습니다. 이 도시는 에게 바다(Aegene Sea)를 향해 위치한 유명한 항구도시로서 화재와 지진으로 여러 번 파괴되었고 외적의 침략으로 거의 폐허가 되었었지만 헬라의 알렉산더 대왕이 점령한 후 재건하여 다시 세워진 도시입니다. 서머나는 B.C. 3세기에서 2세기경 헬라가 지배하던 시대에 크게 번성하였으며, 상업 도시로서 유대인들이 많이 살았던 곳입니다.

이런 당시의 대표적인 도시인 서머나에 세워진 교회를 목회하던 이가 폴리갑 이었습니다. 필자가 이 도시를 방문하였을 때 폴리갑을 기념하는 교회를 볼 수 있었습니다. 80년부터 165년까지 살았던 폴리갑은 본래 시리아지방의 안디옥 출신이었습니다. 전하는 말에 의하면, 서머나의 어느 여인이 안디옥에서 폴리갑을 노예로 샀는데, 그가 너무 똑똑해서 그녀가 죽게 될 즈음에 폴리갑을 자유인으로 만들어 주었다고 합니다. 폴리갑은 젊었을 때 사도 요한의 가르침을 직접 받았으며, 성격은 직설적이고 정열적이었다고 합니다. 20대의 청년 나이에 서머나 교회의 감독이 되었고, 86세에 순교했습니다. 폴리갑이 죽음을 앞두었을 때 그에게 예수만 부인하면 살려 주겠다는 제의를 듣고 "86년간 나는 그분을 섬겨 왔고, 그분은 나를 한 번도 모른다고 한 적이 없는데 내가 어떻게 나의 주님을 모른다고 하란 말인가?" 하고 거절하였다고 합니다. 이그나티우스가 순교한 후 약 반세기 후에 폴리갑이 순교했던 것입니다.

5. 교부: 파피아스, 이레니우스,
그리고 터툴리안

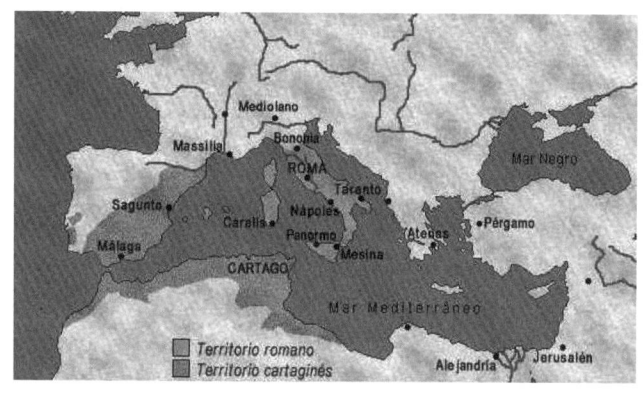

　　본과에서는 지난과에 이어서 교부들 중 초대교회의
중요한 인물들인 파피아스(Papias), 이레니우스(Irenius),
그리고 터툴리안(Tutulianus)을 살펴보고자 합니다. 교부
파피아스는 소아시아의 에베소의 동쪽에 위치한 '거룩

한 도시'라는 의미를 가진 히에라폴리스(Hierapolis)의 감독이었습니다. 온천지인 이곳은 제사를 드리는 성소가 있었던 곳으로서 '성소가 있는 도시'(City of the Hieron)라는 의미인 히에라폴리스가 된 것입니다. 참고로 폴리스(Polis)는 헬라어로 도시를 의미합니다.

한글 신약성경은 '히레라볼리'로 기록하고 있는 이 도시의 현재 이름은 파묵칼레(Pamukkale)라고 합니다. 파묵칼레라는 이름은 목화의 성(Cotton Castle)이라는 의미입니다. 그 이름의 유래는 그곳이 오래전부터 온천지로서 그곳에서 흘러나오는 온천수로 인해 멀리서 보기에 목화로 뒤덮인 성처럼 보인다고 하여 붙여진 이름입니다.

이레니우스에 따르면 파이우스는 사도요한의 제자였다고 합니다. 또 사도요한에 의해 감독직에 수임되었다고 합니다. 나중에 파피아스는 로마제국의 하드리아누스(Hadrianus)황제 때에 로마에서 순교를 당하였습니다. 하드리아누스는 로마의 열네 번째 황제로서 76년 로마제국의 식민지인 스페인의 이탈리카라는 도시에서 태어났으며, 당시 트라야누스황제의 먼 친척이었습니다.

이레니우스는 130~140년경에 로마제국의 속령이던 소아시아 지방에서 출생하여 서머나의 감독 폴리갑의 가르침을 받았습니다. 그는 갈리아지방, 즉 오늘의 프랑스의 리용에 가서 교회의 장로가 되었습니다. 그리고 그는 로마제국의 마르쿠스 아우렐리우스황제(Marcus Aurelius)의 박해로 리용의 감독 포티누스가 순교한 후 리용의 감독이 되었습니다. 그는 신실한 목회자로서 복음을 전파하고 이단으로부터 양들을 보호하고, 기독교를 변호하는데 힘을 기울였습니다. 특히 그는 2세기 기독교 교리를 전체적으로 정리하고, 신론과 인간론과 구속의 교리를 해설하였습니다.

그는 교회적으로는 소아시아 교회의 전통과 로마 교회의 전통을 연합시킨 공헌이 있으며 202년경 셉티미우스 세베루스(Septimius Severus)황제 치하에서 순교하였습니다. 교부 터툴리안(Tertullianus)은 이레니우스를 "모든 가르침에 대해 호기심이 가장 많은 연구가"라고 말했고, 그리스의 섬 살라미스(Salamis)의 교회 감독이었던 에피파니우스(Epiphanius)는 그를 "성령에 의해 행동했던 사람이며 참된 믿음과 지혜의 은사로 입혀진 사람이며, 이단들의 헛된 소리를 극복하고 승리했던 사람"이라고 평하였습니다.

살라미스 섬과 관련한 역사적 사건이 있습니다. 그것은 B.C. 5세기에 페르시아와 아테네의 해전이 아테네 앞 바다의 작은 섬 살라미스 근처에서 있었는데 그 전투에서 당시 대제국이었던 페르시아가 작은 폴리스(도시국가) 아테네에게 패한 것입니다. 당시 페르시아의 왕은 크세르크세스로서 성경 에스더서에 나오는 아하수에로입니다. 이 전쟁역사와 관련하여 생겨난 음식으로서 살라미 소시지라는 것도 있습니다.

교부 터툴리안은 지금의 튀니지 영토인 북아프리카의 카르타고에서 태어났습니다. 그의 본명은 퀸투스 셉티미우스 플로렌스 테르툴리아누스(Quintus Septimius Florens Tertullianus)입니다. 당시 그의 부친은 로마 장교로서 카르타고에서 주둔하고 있었습니다. 터툴리안은 아마도 모든 일에 있어 부지런한 사람이었으며 학문성도 뛰어났습니다. 특별히 로마법에 관해 심오한 지식을 지니고 있었습니다. 직업상 법률가는 아니었지만 분명 차분하고 냉정한 이성을 지닌 인물임에는 틀림없던 것 같습니다. 그는 기독교의 삼위일체(Trinitas)라는 단어를 처음으로 사용한 인물입니다.

6. 1~2세기의 세계(1)

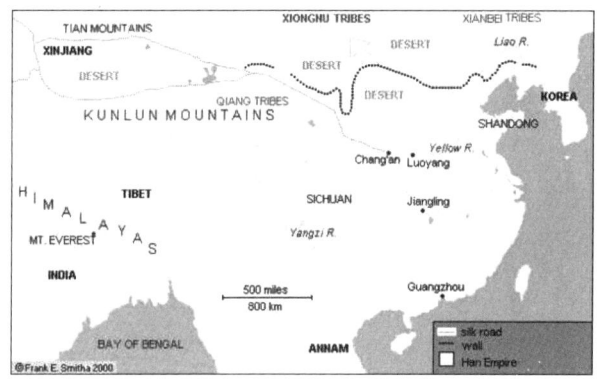

중국 한 제국의 지도

　　지난 몇 과에 걸쳐서 1세기부터 2세기 초의 로마제국의 황제들과 초대교회의 교부들을 살펴보았습니다. 본과에서는 그 시대의 세계의 상황을 살펴보고자 합니다. 우선 전제할 것은 세계사의 모든 부분을 다룰 수는 없지만 당시의 부분적인 역사는 다룰 수 있을 것입니다.

우선 로마제국의 상황을 다루어 보겠습니다. 당시는 로마가 지중해의 전 지역을 지배하고 있었습니다. 로마는 한니발 장군이 지금의 튀지니 지역의 카르타고와의 포에니 전쟁을 승리하며 북아프리카의 서쪽과 스페인과 포르투갈이 있는 이베리아반도를 지배하게 되었습니다.

그리고 동쪽으로 눈을 돌려서 알렉산더대왕 이후 나뉘어 있던 헬라제국의 영토를 차지하게 되면서 헬라반도와 소아시아반도, 그리고 시리아지역, 팔레스틴, 그리고 클레오파트라 여왕의 이집트까지 영토를 확장하게 되었습니다. 유럽에서는 유럽대륙의 대부분과 영국까지 그 지배범위를 넓혔습니다. 그 영토가 최대한으로 확장되었던 때는 로마의 네 번째 황제인 하드리아누스(Hadrianus) 때였습니다.

그 시대에 지금의 중동지역에는 파르티아(Partia)제국이 세워져 있었습니다. 역사적으로 이곳은 북이스라엘을 포함한 전 중동지역을 지배하던 앗수르제국이 있었습니다. 그러나 그 후 그 앗수르를 무너뜨리면서 새로 등장한 강국 바벨론제국이 생겨났습니다. 그들에 의해 남유다왕국이 망하고 많은 사람들이 바벨론으로 포로가 되어 끌려간 역사를 성경에서 볼 수 있습니다. 그러나 그 바벨론은 지금의 이란지역에서 일어난 세력에게 무너져 버립니다. 그 새 제국이 성경에서 바사로 표현하는 페르시아제국입니다. 페르시아제국이 전 중동지역과 소아시아반도까지 지배하면서 바다를 건너 헬라반도까지 진출하려하였으나 헬라동맹군에게 계속 패한 역사가 있습니다. 그것이 아테네근처의 마라톤평원에서 있었던 마라톤전투이며, 살라미해전입니다.

헬라가 마케도니아 출신의 알렉산더대왕에 의해 하나가 된 후 페르시아는 그 모든 영토를 알렉산더의 군대에게 빼앗기며 사라졌습니다. 그리고 그 자리에 헬라제국이 들어섰습니다. 그러나 알렉산더의 갑작스런 죽음과 함께 헬라제국은 분열되어서 이집트지역은 프톨레미왕조가 생겨나고, 시리아를 중심으로 하는 나머지 중동의 영토들, 지금의 시리아와 이라크, 그리고 이란에 이르는 지역은 셀류쿠스왕조의 통치하에 있게 되었습니다. 그러나 셀류쿠스왕조의 시리아왕국은 계속하여 동부지역의 영토를 잃게 되면서 축소되다가 결국 로마에 의해 망하게 되었습니다. 역시 이집트의 프톨레미왕조도 클레오파트라를 마지막으로 로마에 귀속되었습니다. 이때 지금의 이란지역에서 새로 일어난 나라가 있었는데 바로 파르티아입니다.

그런가하면 중국은 당시 '후한'이라는 나라가 존재하였습니다. 기원전에 유방이라는 인물에 의해 세워졌던 '한'나라가 망하면서 잠시 '신'이라는 나라가 세워졌다가 바로 신나라가 망하고 다시 광무제가 한나라를 세우게 되니, 그 나라를 '나중에 세워진 한나라'라는 의미로 후한이라고 부르게 됩니다. 후한은 서쪽, 즉 중앙아시아지역으로 영토를 확장하는 일을 하였는데 당시 그 일을 맡은 사람이 반초라는 인물입니다. 그가 남긴 말은 지금도 우리에게 남아 있는데, "호랑이 굴에 들어가지 않으면 호랑이 새끼를 얻을 수 없다"라는 말입니다. 이 시대에 중국에서는 채륜이라는 사람에 의해 최초로 종이가 만들어졌으며, 장형이라는 인물에 의해 최초의 지진계도 만들어집니다.

이렇게 당시 세계는 중국과 로마라는 큰 두 제국이 존재하였던 때였습니다. 그리고 그들은 직접적으로 만난 적은 없지만 서로의 존재에 대하여 알게 되었던 것을 기록에서 찾아볼 수 있습니다. 166년에 로마의 황제가 중국에 사자를 보내어 그 사자가 베트남까지 와서 후한의 황제에게 상아를 바친 기록이 나타납니다.

7. 1~2세기의 세계(2)

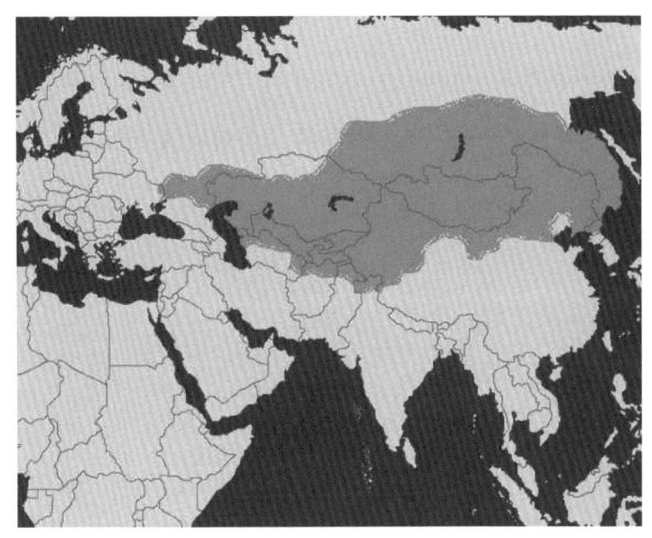

6과에서는 1세기에서 2세기까지의 세계사 중에서 유럽의 로마제국, 그리고 로마제국과 국경을 맞대고 있던 서남아시아의 파르티아, 그리고 동아시아 중국의 후한

을 언급하였습니다. 7과에서는 그 외의 지역에 대하여 생각해 보고자 합니다.

중앙아시아에는 당시 흉노족과 돌궐족 등이 크게 세를 떨치고 있었습니다. 지금의 몽골지역을 중심으로 일어난 흉노족은 동으로는 고구려와 접촉하고 중국에 위협을 가할 정도였습니다. 그리고 서쪽으로는 동유럽에까지 진출하였습니다. 유럽인들은 그들을 훈족(Huns)이라고 불렀습니다. 후에 이 훈족에서 아틸라라는 인물이 등장하면서 유럽을 큰 소용돌이로 몰아넣게 됩니다. 그들로 인하여 유럽의 큰 변화가 일어나게 되었는데 상세한 것은 후에 다루게 될 것입니다.

그리고 돌궐족은 역시 같은 중앙아시아에서 일어난 유목민족으로서 같은 지역에서 크게 세를 가졌던 민족입니다. 그들을 투르크(Turk)라고도 부릅니다. 터키인들은 이 돌궐족을 그들의 조상으로 여깁니다. 그 흉노 및 돌궐족과 접촉을 가졌던 한반도의 북부에는 고구려가 있었습니다. B.C. 37년 주몽이 졸본 혹은 졸본부여라는 곳에 도읍을 정하고 국호를 고구려라고 정하며 시작된 고구려의 남쪽에는 백제와 신라가 있었습니다. 백제는 온조왕을 시작으로 B.C. 18년에 지금의 서울 근교에 도읍을 정하고 나라를 세웠으며, 신라는 B.C. 57년에 경주를 중심으로 세워졌습니다. 이렇게 1세기에서 2세기경의 한반도는 삼국시대였던 것입니다.

그런가 하면 한반도의 이웃인 일본은 죠몬시대를 거쳐 야요이시대를 지내던 선사시대였습니다. 그리고 베트남에는 B.C. 208년에 중국 진나라의 '찌에우 다'라는 장수가 '남 비엣'(Nam Viet)이라는 나라를 세워서 존재하였습니다. 오랜 역사와 문명을 가진 인도는 당시 쿠샨왕조의 왕국이 있던 때였습니다. 쿠샨왕조의 나라는 78년에 지금의 아프가니스탄지역에 해당되는 박트리아지방의 쿠샨족에 의해 세워진 나라였습니다. 그리고 많은 동남아시아의 나라들이 선사시대에 있었습니다.

또한 아프리카는 북부 아프리카를 제외하고는 대부분의 지역이 선사시대에 머물고 있었습니다. 그 중 동아프리카의 에디오피아가 B.C. 10세기경에 나라가 세워진 것으로 추정할 뿐입니다. 북부 아프리카는 이미 이집트

문명과 메소포타미아문명, 그리고 그리스와 로마의 영향을 받았으므로 사하라 이남의 아프리카와는 전혀 다른 상황이었습니다. 북아프리카는 일찍이 페니키아인들과 그리스인들에 의해 도시국가들이 세워졌으며, 이집트는 아주 오랜 문명과 역사를 가지고 있었습니다. 이미 앞서 언급한 것과 같이 북아프리카는 당시 로마제국의 지배하에 있었으며, 유럽의 대부분도 로마의 지배 가운데 있었던 때였습니다. 그리고 로마의 지배 가운데 로마의 문명이 소개되면서 유럽도 변화를 겪게 되었던 때였습니다.

이런 세계사 속에서 팔레스틴 지역에서는 유대의 독립을 위한 제2차 유대 독립전쟁이 로마제국을 상대로 일어났습니다. 115~117년 로마제국의 트라야누스황제 치세 때 북아프리카의 리비아 구레네(키레네) 출신 유대인 루쿠아스 안드레아스가 메시아로 자처하면서 이집트, 키레네, 키프로스, 그리고 메소포타미아의 유대인들을 선동하여 로마에 반기를 들었습니다. 그리고 132~135년에는 시므온 바르 코크바가 제2차 유대 독립전쟁을 일으켰습니다. 그러나 135년 바르 코크바는 베들레헴 근교의 바티르 마을 전투에서 전사하고, 아키바는 유대인들을 부추긴 죄로 로마군에게 처형되었습니다.

이런 시기에 기독교에서는 영지주의 논쟁, 몬타누스주의 운동 등이 일어났으며, 앞서 언급한 교부 폴리갑이 순교하고 기독교의 철학자이며 변증가인 유스틴이 로마에서 순교를 당하였습니다.

8. 교부 오리겐과 키프리안

    초대교부들 가운데 가장 활발한 활동을 한 인물은 오리겐(Origenes)이었습니다. 오리겐의 본명은 '오리게네스 아다만티우스'(Origenes Adamantius)입니다. 그는 지금의 이집트에 있는 알렉산드리아(Alexandria)에 있는 경건한 기독교인 부모의 자녀로 약 185년 또는 186년경에 태어났습니다. 그는 그의 아버지 레오니다스로부터 처음

에 지식을 배웠습니다. 그러나 그의 아버지 레오니다스는 202년경 로마제국 황제 셉티무스 세베루스 핍박 시에 참수형을 당하면서 순교하였습니다. 그런 후 오리겐은 판타에누스와 클레멘트의 제자가 되었습니다. 그 후 그는 클레멘트를 이어 알렉산드리아의 교리문답 학교의 교장이 되었습니다. 오리겐은 금욕적인 삶을 살았으며, 교리문답 학교에서 그는 기독교 신앙만 아니라 그리스 철학까지 가르쳤습니다. 오리겐은 204년부터 230년까지 가르친 후 232년부터는 죽을 때까지 팔레스타인의 가이사랴에서 가르쳤습니다.

알렉산드리아로 되돌아온 오리겐은 집필하는데 심혈을 기울였습니다. 그리고 230년경 여행 중 팔레스타인의 가이사랴를 지나다가 그곳의 친구들의 강력한 요청에 의해 그곳에서 사역을 하게 되었습니다. 그 결과 오리겐은 알렉산드리아에서 추방을 당하게 되었습니다. 가이사랴에서 사역하던 그는 로마제국 황제 데키우스(Decius)의 핍박으로 인해 감옥에 갇혀 말할 수 없는 고문을 받아 거의 죽게 될 정도에 이르렀습니다. 결국 고문의 후유증으로 로마제국 황제 갈루스(Gallus) 때에 69세의 나이로 페니키아의 두로에서 주님의 부르심을 받았습니다.

본명이 카에킬리우스 키프리아누스(Caecilius Cyprianus)인 키프리안은 터툴리안처럼 북아프리카의 카르타고 출신으로 그리스어보다는 라틴어를 사용한 교부입니다. 로마제국의 동부가 과거의 헬라제국의 영향으로 그리스어, 다른 말로 헬라어가 대중적으로 사용되고 있었다면, 카르타고는 지리적으로 이태리반도와 가까운 위치에 있었고 헬라제국의 지배를 받은 적이 없으므로 라틴어를 사용하는 지역이었습니다. 키프리안은 210년경에 카르타고에서 태어났으며, 그의 부모는 기독교인이 아니었습니다. 훌륭한 교육을 받은 그는 웅변가, 즉 수사학자로서 법률을 배웠습니다. 그 후 그는 카르타고에서 존경받는 인물이 되었지만 만족하지 못한 키프리안은 카르타고에서 가장 존경받는 교회 지도자인 카에실리아누스에 의해 기독교인이 되었습니다. 그리고 그는 곧 자신의 재산을 포기하고 사제가 되었습니다. 그 후 그는 카르타고의 감독이 되었습니다. 그러나 250년 로마 제국 황제 데키우스의 핍박으로 인해 카르타고를 떠났다가 핍박의 시기 다음 해인 251년 봄, 카르타고로 되돌아왔지만 그는 겁쟁이처럼 도주했다는 비난을 받게 되었습니다. 카르타고 교회의 사람들뿐만 아니라 로마교회 지도자들까지 그를 비난했습니다.

255년 다시금 키프리안은 다른 문제를 맞이했습니다. 이단자들이 주재한 세례가 타당한 것인지 아니면 그른 것인지에 관한 문제였습니다. 이 문제로 인해 로마감독 스테판과 논쟁을 벌였습니다. 스테판은 이단자들의 세례도 타당하다고 했습니다. 그리스도 또는 삼위일체의 이름으로 세례를 합법적으로 행했다면 그 세례가 정당하다고 했습니다. 하지만 이에 반해 키프리안은 교회 밖에는 구원이 없을 뿐만 아니라 참된 회개도 없다고 했습니다. 그래서 이단자들의 세례는 아무런 의미가 없다고 대답했습니다. 이러한 논쟁이 한창일 때, 257년 로마 제국 황제 발레리아누스(Valerianus)에 의한 핍박이 일어났습니다. 이 핍박으로 인해 로마교회의 감독 스테판과 그의 후계자가 순교하고 말았으며, 키프리안도 258년에 순교하였습니다.

9. 콘스탄티누스황제와 기독교 공인

로마에 있는 콘스탄티누스 황제의 개선문

로마제국시대에 네로황제로부터 시작된 심한 박해
가 콘스탄티누스황제에 이르러 멈춘 것을 우리는 알고
있습니다. 본과에서는 그 배경의 이야기를 다루고자 합
니다. 당시 로마제국은 235년에서부터 284년에 이르기까지 39년 동안 23명의 황제가 난립하는 혼란의 시기를 지내고 있었습니다. 그런 가운데 디오클레티아누스(Valerius Diocletianus)황제가 위에 오른 후 그는 너무나 넓은 제국을 둘로 나누고 서부는 공동 황제의 자리에 막시미아누스(Marcus Aurelius Valerius Maximianus)를 세우고 자신은 동부지역의 황제가 되었습니다. 디오클레티아누스는 자신의 아내와 딸이 기독교인이었음에도 불구하고 기독교에 대해 엄격한 태도를 취했습니다.

305년 로마제국을 공동으로 통치하던 두 황제 디오클레티아누스와 막시미아누스가 퇴위하고, 그들의 부황제인 갈레리우스(Galerius Maximianus)와 콘스탄티우스가 뒤를 이어 공동 황제에 올랐습니다. 그러나 얼마 후 동로마에서는 갈레리우스 발레리우스 막시미누스가 갈레리우스를 몰아냈고, 서로마에서는 플라비우스 발레리우스 세베루스가 콘스탄티누스를 무시하고 콘스탄티우스의 뒤를 이어 황제가 되었습니다. 콘스탄티우스는 동로마에 있는 아들을 보내달라고 갈레리우스에게 요구했고, 콘스탄티누스는 적대적인 세베루스의 영토를 가로질러

게소리아쿰, 즉 지금의 프랑스 불로뉴에 있는 아버지 곁으로 갔습니다. 이들 부자는 함께 지금의 영국인 브리튼 섬으로 건너가, 306년에 콘스탄티우스가 에보라쿰 즉 지금의 잉글랜드 노스요크셔 주 요크에서 죽을 때까지 브리튼 섬 북부원정을 벌였습니다.

콘스탄티누스는 잇달아 일어난 복잡한 내전에 전념했습니다. 퇴위한 서로마 황제 막시미아누스의 아들 막센티우스가 로마에서 반란을 일으켰습니다. 동로마의 갈레리우스는 콘스탄티우스를 몰아낸 세베루스를 서로마 황제로 선언했지만, 세베루스는 다시 리키니우스에게 쫓겨났고, 반란을 일으킨 막센티우스는 아버지 막시미아누스의 도움을 얻어 세베루스를 진압했습니다. 아들에게 버림받은 막시미아누스는 갈리아에 있는 콘스탄티누스와 합류했지만, 결국 콘스탄티누스를 배신하고 죽음을 맞았습니다. 307년 막시미아누스의 딸 파우스타를 2번째 아내로 맞이한 콘스탄티누스는 312년 이탈리아를 침략해 막센티우스를 무찔렀고, 리키니우스와 이미 맺고 있던 동맹 관계를 확인했습니다. 콘스탄티누스는 서로마 황제가 되었고, 리키니우스는 경쟁자인 막시미누스를 무찔러 동로마의 유일한 황제가 되었습니다. 그러나 콘스탄티누스는 316년 발칸 반도의 영토를 빼앗았고 324년 리키니우스를 패배시켜 동서 로마의 유일한 황제가 되었습니다.

콘스탄티누스(Flavius Valerius Constantinus)는 육군 장교인 플라비우스 발레리우스 콘스탄티우스와 그의 아내인 헬레나 사이에서 태어났습니다. 그 집안은 3세기 후반의 전형적인 군사 지배 계급에 속해 있었습니다. 그리고 293년 그의 아버지는 부황제(caesar)의 지위에 올라 콘스탄티우스 1세 클로루스라는 칭호를 얻었고, 황제(아우구스투스)인 막시미아누스 밑에서 부황제로 일하기 위해 서로마로 갔습니다. 289년 아버지는 막시미아누스 황제의 의붓딸과 결혼하기 위해 헬레나와 이혼했고, 어린 콘스탄티누스는 동로마 제국의 니코메디아로 보내져 황제인 디오클레티아누스의 궁정에서 자랐습니다. 디오클레티아누스 황제의 궁정에서 어린 시절을 보낸 콘스탄티누스는 일련의 복잡한 내전을 거친 뒤 312년에 서로마 황제가 되었으며, 이어서 324년에 로마 제국 전체를 다스리는 단독 황제가 되었습니다. 그리고 그는 313년에 밀라노 칙령을 발표해 기독교인에 대한 관용을 확대했습니다. 즉 기독교인들에게 대한 핍박을 멈추게 하였던 것입니다. 그는 예전 이름이 비잔티움(Visantium)인 도시를 콘스탄티노플(Constantinople)로 개명하여 재건하고 확장시켜 수도로 삼았습니다. 이 도시가 지금의 터키의 이스탄불(Istanbul)인 것입니다. 그 도시는 그 후에도 천 년이 넘도록 로마 제국 수도의 기능을 유지했습니다.

10. 콘스탄티누스, 데오도시우스 1세, 그리고 로마제국

터키 이스탄불에 있는 소피아대성당

로마제국의 콘스탄티누스황제가 313년에 기독교를 인정하는 명령을 내리면서 기독교의 핍박이 멈추게 되었습니다. 그것은 네로황제 이후 핍박받던 기독교가 더 이상 불법적인 존재가 아닌 신앙의 자유를 인정받은 것을 의미합니다. 콘스탄티누스황제가 밀라노에서 이 명령을 내렸다고 하여 이것을 '밀라노칙령'이라고 부릅니다. 콘스탄티누스황제는 제국의 수도를 오랜 역사의 도시 비잔티움(Byzantium)으로 옮겼습니다. 그리고 그곳의 이름을 그의 이름을 따서 콘스탄티노플이라고 붙였습니다.

콘스탄티노플이라는 이름은 본래 콘스탄티누스의 도시라는 의미인 콘스탄티노폴리스였습니다. 후에 이 도시는 로마제국이 동서로 나뉘었을 때 동로마와 비잔티움제국의 수도로 오랜 세월 번영을 누리게 됩니다. 터키에 있는 그 도시는 1453년에 오스만 터키에게 점령된 이후 이슬람이 많은 도시라는 의미의 이스탄불로 불리고 있습니다. 필자가 이 도시를 방문하였을 때 오랜 역사만큼이나 수많은 역사 유적들을 간직하고 있었습니다.

콘스탄티누스황제는 그 도시에 360년에 목조지붕으로 된 작은 교회당을 건축하였습니다. 그것이 나중에 불에 타 없어지고 새로 지어져 지금도 남아있는데 그것이 유명한 소피아(Sophia) 대성당입니다.

밀라노칙령이 기독교의 핍박을 멈추게 하였다면 그 후 데오도시우스 1세(Flavius Theodosius)는 380년에 기독교를 로마제국의 국교로 선포한 역사적인 인물이 되기도 합니다. 콘스탄티누스황제가 많은 종교들 가운데 하나로 기독교의 자유를 인정하였다면 데오도시우스황제는 로마제국의 유일한 신앙으로 기독교를 선포한 인물입니다. 그는 기독교가정에서 태어났으며 본래 군인이었으나 그라티아누스황제(Flavius Gratianus)에 의해 동부지역을 다스리는 공동 황제에 임명되었습니다.

이렇게 기독교가 신앙의 자유를 얻고 로마제국의 국교가 되어가는 때에 로마제국은 쇠퇴해가고 있었습니다. 제국은 안으로는 풍요로움 속에서 도덕적으로 부패하여 가고 있었습니다. 늘 정복 전쟁을 하던 나라가 태평한 세월을 보내자 내분에 빠져들었고, 귀족들의 극에 달한 사치와 방탕의 한편에는 수많은 빈민들이 존재하였습니다. 그리고 밖으로는 북부의 게르만족의 침입 등이 계속되었습니다. 특히 게르만족의 일파인 고트족은 매우 위협적이었습니다. 그들은 본래 지금의 스웨덴과 노르웨이가 있는 스칸디나비아반도에 살던 부족으로 남쪽으로 이동하여 그곳에 살던 다른 게르만족들을 물리치고 3세기에는 로마가 지배하던 다키아, 즉 지금의 루마니아지방을 로마제국으로부터 빼앗기도 하였습니다.

다뉴브 강 유역에 거주하게 된 고트족을 서고트족, 그리고 우크라이나지방에 거주하게 된 이들을 동고트족으로 불렀습니다. 그들의 이동에 의해 다른 부족들이 이동하며 로마제국의 국경이 무너지고 많은 영토를 그들에게 내어주게 되었습니다.

400년대 초반에 중앙아시아의 투르크족 계통인 훈족(Huns)이 유럽을 침공하였습니다. 그들은 중국과 한국사에 나오는 흉노와 같은 일파로 이해하기도 합니다. 그들은 여러 부족들로서 중앙아시아의 넓은 지역을 지배하며 동으로는 중국과 만주지방까지 영토를 넓혔으며, 서쪽으로는 유럽까지 진출하여 유럽의 역사를 바꾸는 역할을 하게 되었던 민족입니다. 그 훈족에게 밀린 서고트족이 본래 거주지인 다뉴브 강 일대에서 서쪽으로 이동하게 되자, 동게르만족의 일파인 반달족(Vandals)은 그 영향으로 서쪽으로 이동하게 되었습니다.

406년 라인 강 방어선을 지키던 로마군이 서고트족의 위협에 직면한 로마를 지키기 위해 라인 강 방어선에서 철수하자, 반달족은 이틈을 타 지금의 프랑스지역인 갈리아로 이주했습니다. 이때 훗날 프랑크 왕국을 세운 프랑크족도 본래 거주지에서 서진하여 갈리아로 이동했던 것입니다.

반달족은 계속 남진하여 에스파냐를 거쳐 북아프리카로 건너갔고, 옛 카르타고 땅을 중심으로 북아프리카 왕국을 건설했습니다. 그 반달족은 이동하면서 해적질과 각종 약탈 및 파괴 행위를 벌인 것으로 알려졌습니다. 그로 인해 반달리즘(Vandalism)이란 말이 생긴 것입니다.

이렇게 4세기에서 5세기 초에 이르는 당시 로마는 주요 식량 공급지였던 북아프리카를 반달족이 차지하게 되어 심각한 식량난에 봉착하게 되었습니다. 이것이 기독교가 국교로 선포되던 당시의 정치적 지형이었습니다.

11. 3~4세기의 기독교와 세계

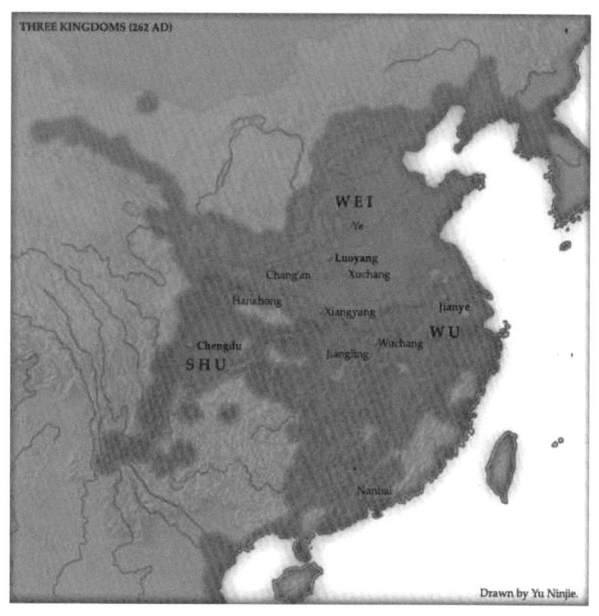

중국의 삼국시대

　지난 과에서는 로마제국의 콘스탄티누스황제의 기독교 공인(313년), 그리고 데오도시우스황제의 기독교 국교화(380년) 등을 소개하였습니다. 그리고 당시 로마제국을 둘러싼 주변의 정치적 상황도 다루었습니다. 당시 이단인 아리우스의 주장과 그것을 다룬 최초의 기독교 총회라고 불리는 니케아공회(325년)가 모였습니다. 그 공회에서는 삼위일체에 대한 교회의 신앙고백을 정한 니케아 신조를 결정하였습니다. 본과에서는 우리의 눈을 동쪽으로 돌려서 이런 기독교의 사건들이 있을 당시 중국과 한반도를 위시한 여러 지역의 상황을 살펴보고자 합니다.

우선 그 시대의 중국을 살펴봅시다. 중국 최초의 통일제국인 진나라가 세워지고, 중국 최초의 황제 칭호를 사용하며 나라를 세운 진나라의 시황제가 있었습니다. 그러나 진의 시황제가 죽자 그 제국은 쉽게 무너지면서 새로운 제국이 등장하게 되었습니다. 항우와 유방의 이야기로도 유명한 이들이 바로 이 시대에 등장하게 됩니다. 항우와 유방 중에 결국 항우가 죽고 유방이 천하를 지배하게 되면서 새로운 제국인 '한'(Han)이 세워졌습니다. 그때가 B.C. 202년입니다. 그 후 한 제국이 한 때 망하고 '신'제국(Xin)이 등장하였다가 A.D. 25년에 다시 한

나라가 부활하게 되었습니다. 다시 세워진 한나라를 역사에서 후한이라고 부르며 후한의 첫 황제가 광무제입니다.

후한제국은 다시 220년에 무너지고 그 유명한 삼국시대가 시작되었습니다. 소설 〈삼국시대〉는 본래 〈삼국지연의〉라는 이름입니다. 그 소설로 지금까지 사람들에게 알려진 조조에 의해 세워진 위나라(Wei)와 손권의 오나라(Wu)와 유비의 촉나라(Shu)가 바로 그 삼국입니다. 그리고 265년에 위나라에 의해 진나라가 세워지고 280년에 천하를 통일하게 되었지만 설립자인 무제가 죽자 무능한 아들 '혜제'가 즉위하면서 나라가 어려워지게 되었습니다. 세상물정을 모르는 그는 사람들이 굶주림으로 고생한다는 말을 듣고 '그럼 고기죽을 먹으면 되지'라고 투덜거린 것으로 유명합니다. 결국 그 나라는 316년에 몽골 고원을 중심으로 넓은 영토를 지배하던 흉노족에 의해 망하였습니다.

흉노는 정착된 농경생활을 하던 중국인들과 달리 유목생활을 하는 기마민족이었습니다. 이때에 중국인들은 흉노족들로부터 많은 영향을 받게 됩니다. 특히 북부 중국은 승마가 활발하게 행해지면서 편리한 통소매의 상의와 승마에 편한 바지와 허리띠가 유행하게 되었습니다. 당시 중국인들은 변방의 사람들을 야만인이라는 의미로 오랑캐로 불렀으며 북방인들을 '호'라는 말로 칭하였는데 호두나 후추 등이 북쪽의 흉노에 의해 전해진 것이라는 데서 붙여진 이름입니다. 수력 방앗간이 사용되기 시작하였고, 만두와 국수류, 그리고 치즈나 요구르트도 유행하였고 두부도 만들어지기 시작하였습니다. 그리고 바닥에 앉은 생활양식이 의자생활로 변하게 되었습니다.

결국 앞서 언급한 진나라는 망하고 317년에 '동진'으로 불리는 새로운 나라가 세워졌습니다. 나중에 앞의 진나라를 서진으로 불러 서진과 동진으로 구별하였습니다. 그 시대에 400년 동안 한반도에 거점을 두고 있던 중국 한족인 낙랑군과 대방군이 고구려에게 패하여 한반도에서 떠나게 되었습니다. 그것이 313년의 일입니다.

지난 글에서 다룬 것처럼 313년은 로마제국의 콘스

탄티누스 황제가 기독교를 공인한 때입니다. 한반도에 이미 세워져 있던 고구려와 백제에는 4세기 후반에 불교가 전래되었습니다. 그리고 고구려의 광개토대왕이 391년에 왕으로 역사에 등장하였습니다.

당시 인도에는 320년에 굽타왕국이 세워졌습니다. 인도반도의 북부에 세워진 이 왕국은 챤트라굽타에 의해서 세워진 나라로서 문학과 미술, 건축, 그리고 수학 등이 크게 발전하였습니다. 당시에 산스크리트 문학이 꽃을 피웠는데 '샤쿤탈라'라는 희곡은 지금까지도 남아서 세계에 소개되는 작품이기도 합니다. 아라비아숫자도 본래 인도에서 탄생되어서 아라비아로 전해졌으며, 그것이 유럽으로 그리고 세계로 알려진 것입니다.

12. 마니교, 조로아스터교,
네스토리우스파, 그리고 어거스틴

북 아프리카 알제리에 있는 옛 히포교회의 유적

3세기에서 5세기에 이르는 시대의 기독교 역사를 다루면 당시에 생겨난 마니교라는 종교와 기독교의 이단으로 네스토리우스파를 언급하게 됩니다. 그리고 마니교의 탄생에 영향을 준 조로아스터교의 이름도 듣게 됩니다. 그리고 교회역사와 세계사에 유명한 어거스틴(아우구스티누스)을 빼 놓을 수 없습니다. 본과에서는 그들에 대해 간단히 소개하고자 합니다.

마니교(Manichaeism)는 3세기에 지금의 이라크의 남부 지역인 바빌로니아 지역에서 태어난 페르시아인 마니(Mani)라는 인물에 의해 생겨난 혼합 신앙으로서, 중동 아시아 지방의 기독교와 조로아스터교(Zoroastrianism) 그리고 불교를 절충하여 만든 것입니다. 마니교는 3~4세기 매우 빨리 로마제국의 변경 지방에 퍼졌으며, 762년에는 터키가 지배하던 현대의 투르크메니스탄이 있는 위구르지역에서는 공식 종교로 채택되었습니다. 그리고 후에는 중국의 서쪽 변경까지 마니교를 믿는 집단이 생긴 것으로 기록되고 있습니다. 한때 마니교는 북아프리카와 지금의 프랑스지역인 갈리아와 스페인이 있는 이베리아반도까지 퍼졌습니다. 그러나 4세기에는 서로마지역에서 그리고 6세기에는 동로마지역에서 사라지게 되었습니다.

마니교의 탄생에 영향을 준 조로아스터교는 불을 숭배하였기 때문에 한자로는 배화교로 번역되기도 하였습니다. 3세기에 세워진 사산조 페르시아는 이 조로아스터교를 국교로 정하였습니다. 조로아스터교는 조로아스터(Zoroaster)에 의해 지금의 이란과 아프가니스탄의 북부 지방인 박트리아(Bactria)에서 시작되었으며, 조로아스터를 다른 이름으로는 자라투스트라(Zarathustra)라고도 부릅니다. 그 시작된 시기에 관하여는 정확한 자료가 없어서 다양한 설이 있습니다.

네스토리우스(Nestorius)는 시리아에서 태어나 428년에 콘스탄티노플의 대주교가 되었던 인물입니다. 그러나 그는 431년 에베소공의회에서, 그리고 451년 칼케돈공의회에서 이단으로 선고되었습니다. 공의회란 것은 요즘의 교회들의 총회와 같은 것입니다. 네스토리우스는 페르시아로 망명하여 그곳에 교회를 세웠는데 그것이 네스토리우스파(Nestiorians)입니다. 그들은 페르시아를 중심으로 하여 인도, 중앙아시아, 그리고 중국으로도 선교를 하였습니다. 중국에서는 그들을 경교라고 이름하였습니다. 그리고 중국의 당나라시대에 한국의 신라는 많은 교류를 가진 관계로 그 경교가 한반도에도 소개되었을 가능성이 있습니다. 지금도 시리아, 이라크, 이란 지역에 남아 있습니다.

이런 시대에 기독교 역사에 훌륭한 신학자였던 아우구스티누스(Augustinus)도 젊은 시절 한 때 마니교에 빠진 적이 있었습니다. 그는 본래 기독교인 어머니 모니카와 이교도인 아버지를 둔 가정에서 자라났으며, 그는 마니교에서 나온 후 A.D.387년에 서로마제국의 황제가 머물던 이탈리아반도 북부의 도시 밀라노(Milano)의 감독 암브로시우스로(Ambrosius)부터 세례를 받았습니다. 그후 A.D.395년에 지금의 알제리지역인 북아프리카의 도시 히포(Hipo)의 감독이 되었습니다. 395년은 로마가 동로마와 서로마로 분리된 해이기도 합니다. 어거스틴은 영어식 발음이며 그가 살았던 때는 서로마제국이 무너지던 때였습니다. 그가 임종할 때에는 게르만족의 일파인 반달족의 군대가 로마제국의 영토인 히포를 포위하고 있었지만 이런 환경 가운데서 그는 그의 유명한 저서 '하나님의 도성'(The City of God)을 저술하였던 것입니다.

13. 아리우스파(Arianism)

아리우스 초상

250년경 북아프리카의 리비아에서 태어나 이집트의 도시 알렉산드리아의 감독이 되었던 아리우스(Arius)라는 인물이 있었습니다. 그의 주장을 따르는 사상을 아리우스주의(Arianism)라고 부릅니다. 아리우스주의란 그리스도가 피조 되고 유한한 본성을 지녔다고 주장하는 사상으로 초대 교회의 정통교리에 도전하는 중요한 이단으로 비난을 받았습니다.

아리우스는 당시 플라티노스에 의해 만들어져 크게 유행하던 그리스의 철학 신플라톤주의에 영향을 받은 그의 주장을 가르침으로써 많은 추종자를 얻었습니다. 신플라톤주의(Neoplatonism)는 신성의 절대적 단일성만이 최고의 완전성을 의미한다고 강조했습니다. 이에 대해 알렉산드리아의 감독 아타나시우스(Athanasius)는 아리우스의 주장은 성자를 반신으로 전락시켰으며, 성자만이 인간과 하나님을 화해시킬 수 있다는 구속 개념을 훼손하였다고 반박하였습니다.

325년에 지금의 터키지역에 있는 니케아에서 모인 공의회, 즉 교회들의 총회에서는 이 같은 아리우스의 주장을 이단으로 규정하고 배척하였는데, 그 후 니케아 회의(the Council of Nicaea)에서 정죄된 아리우스파의 확산을 막고 정통 신앙을 지켜낸 황제로 알려져 있는 데오도시우스는 381년에 초대 공의회 중 두 번째 공의회인 콘스탄티노플 공의회를 소집하여 일차 공의회인 니케아 회의가 채택한 니케아신조를 재확인하여 아리우스파 문제에 종지부를 찍었습니다.

그러나 아리우스주의는 유럽의 고트족(Goth)에 전파되었습니다. 그들이 어떻게 아리우스주의로 개종하게 되었는지 자세히 알려진 것은 없습니다. 그러나 고트족이 로마의 속주로 들어온 지 거의 30년 후에 거대한 무리의 서고트족이 도나우를 넘어 이동해 왔고 유럽의 지형을 크게 바꾸게 됩니다. 고트족은 동고트족과 서고트족으로 이루어져 있으며, 로마제국을 수백 년간 괴롭혔습니다. 6세기 중엽 고트족의 역사가 요르다네스가 기록한 전설에 따르면 고트족은 원래 스칸디나비아 남부에 살던 부족으로 베리그 왕을 따라 3척의 배를 타고 발트 해 남쪽 해안으로 건너가 그곳에 살던 반달족(Vandal)과 다른 게르만족을 물리치고 정착했습니다. 로마의 역사가 타키투스는 그 당시 고트족의 특징이 둥근 방패와 짧은 칼, 그리고 왕에 대한 복종이었다고 기록하고 있습니다.

요르다네스는 또 그 후 고트족이 필리메르 왕을 따라 비수아강 지역에서 남쪽으로 이주했으며, 온갖 모험을 겪은 뒤 흑해에 다다랐다고 기록하고 있습니다.

고트족의 이러한 이동은 2세기 후반에 일어났으며, 그로인하여 마르쿠스 아우렐리우스황제가 통치하던 (161~180) 로마제국의 도나우 강 쪽 국경을 게르만족이 강하게 압박하게 됩니다. 고트족은 3세기에 끊임없이 로마제국의 소아시아 지방과 발칸반도를 침략했고, 아우렐리아누스 황제가 다스리던 시기(270~275)에는 로마인들도 도나우 강 건너편의 다키아 즉 오늘날의 루마니아 지방을 고트족에게 내줄 수밖에 없었습니다. 그 후 도나우 강과 드네스트르 강 사이에서 살던 고트족을 서고트족, 오늘날의 우크라이나에 살던 고트족을 동고트족이라고 부르게 되었습니다.

고트족은 다른 게르만족보다 더 진보된 정치적 조직을 발전시켜, 왕을 정점으로 통일되어 있었습니다. 4세기경에는 로마 제국과 긴밀한 관계를 맺게 되었으며, 서로 적대하던 시기도 있었으나, 평화의 시기에는 문화적인 교류가 활발하게 이루어졌습니다. 고트족의 귀족들은 콘스탄티노플을 방문하기도 했으며, 고트족 사람들은 로마의 도로망을 잘 알고 있었습니다. 4세기 중엽 고트족의 개종이 시작되었으며, 오래지 않아 거의 모든 고트족이 아리우스파가 되었습니다.

14. 콥트교(Coptic Church)

루브르 박물관 소재 콥트교회 성화

451년 칼케돈 공의회에서 이단으로 결정 난 단성론
자들은 동방교회들이었습니다. 아르메니아, 이집트, 에
디오피아, 그리고 시리아에 있었던 교회들은 칼케돈 공
의회의 결정, 즉 '그리스도의 한 인성 안에 두 본성이 연합되어있다'는 그리스도의 신인양성론을 거부하였습니다. 결과적으로 반 칼케돈 교회들은 그리스도의 신성을 중심으로 한 단성론 교리를 갖고 있습니다.

그 중 이집트의 토착 교회를 콥트교로 부르게 되었습니다. 콥트라는 용어는 고대 이집트어에서 유래하며 여러 차례 변화를 거쳤습니다. 고대 이집트의 도시인 멤피스는 '히크프타'라고도 하였는데, 이집트에 이주한 그리스인들은 이를 '아이깁토스'(Aigyptos)라고 하여 그리스화하였습니다. 그 후 이 이름은 전체 이집트를 지칭하게 되었는데 오늘날의 이집트라는 이름은 여기에서 유래한 것입니다. 이어서 이 명사의 형용사로서 '아이깁티오스'(Aigyptios)가 생겨나, 이것이 이집트인을 가리키는 말이 되었습니다. 640년 이집트를 정복한 아라비아인들은 이것을 아랍화 하여 킵트(Qibt)라고 하였으며, 점차 이집트인의 이슬람화가 진행됨에 따라 이슬람화하지 않은 이집트인, 즉 토착 콥트교를 계속 믿는 이집트인만을 킵트라고 하게 되었습니다. 이 호칭이 유럽으로 건너가 콥트라는 말로 변하였고, 이것이 세계에 유포되었던 것입니다. 이집트의 콥트교회의 역사는 오래되어 1세기 중엽의 마가의 이집트 선교에서 시작된 것이라고 합니다. 이윽고 콥트교회는 독자적인 단성론 교리를 발전시켰으며, 451년 칼케돈공의회에서 이단으로 결정되자 그때부터 고립의 길을 걸었습니다.

다만 나일 강 유역에서는 세력을 넓혀 이집트 남쪽 지역인 누비아는 6세기에 콥트교화 하였으며, 그 유적은 1960년대 누비아유적을 발굴할 때 화려하게 되살아났습니다. 콥트교도는 민족적으로 고대 이집트인의 직계이며 그들의 언어도 역시 고대 이집트어의 직계입니다. 고대 이집트어는 자음만을 문자로 표기하고 있었으므로 콥트교도는 모든 음을 문자로 표기한다는 생각에서 독자적인 알파벳을 만들고 몇 가지 문자는 그리스문자에서 차용하였다고 합니다. 이리하여 3세기에 콥트어 및 콥트문자가 성립하였으며 구약성경과 신약의 복음서가 콥트어로 번역되었습니다. 그 후 아라비아인의 정복과 함께 콥트어는 쇠퇴하여, 16세기에는 일상생활에서 완전히 사라졌습니다.

그리고 콥트교에 의해 수도원 운동이 시작된 것으로 알려져 있습니다. 수도원은 통상적으로는 3세기 후반에 중부 이집트의 테베에서 은자 바울과 안토니우스에 의하여 창설되었다고 보고 있습니다. 특히 안토니우스는 알렉산드리아의 주교 아타나시우스가 쓴 '안토니우스의 생애(356년 이후)'가 일찍부터 서유럽에 전해져 수도원의 아버지로 존경을 받았습니다. 그는 사막이나 산 속에서 혼자 수행하였습니다. 안토니우스와 거의 같은 시대에 똑같이 이집트에서 수도생활을 시작한 파코미우스는 단독생활에 따르는 일상적인 불편과 정신적 위험을 피하기 위하여 공동생활을 하는 수도원을 세웠습니다. 높은 벽을 두른 부지 안에 몇 개의 건물이 있고, 각 건물에 20~40명의 수도사가 한 사람의 지도자와 함께 기거합니다. 식사와 기도는 공동으로 하고 복장도 동일합니다. 공동생활 때문에 청빈과 복종의 덕목이 중시되었으며, 노동의 의무는 특히 강조되었습니다. 이것은 많은 수도사들이 자활하기 위해서이며, 그들은 농경 외에 나일 강에서 나는 골풀로 광주리를 엮고, 종려나무로 세공물을 만들어서 팔기도 했습니다. 파코미우스가 콥트어로 쓴 수도규정은 일찍부터 그리스어와 라틴어로 번역되어 널리 유포되었으며, 공동생활양식의 수도원은 그의 제자 에우게니우스에 의하여 멀리 메소포타미아에까지 전해졌습니다.

15. 로마제국의 분열과
서로마제국의 멸망

로마제국의 지도

로마제국(Roma, 라틴어: Imperium Romanum)은 옥타비아누스, 즉 아우구스투스가 제정을 시작한 B.C.27년부터 몰락까지의 로마를 가리키는 말입니다. 로마제국의 끝은 A.D.395년 동서로마의 분할, 476년 서로마제국의 멸망, 1453년 비잔틴제국의 멸망으로 이어집니다.

B.C.753년 성립된 도시국가 로마는 왕정을 거쳐 공화정을 도입, 지중해 세계의 강대국이자 해운국이었던 카르타고를 물리치고 지중해 세계의 패권자가 됩니다. 이후 넓어진 영토로 인해 로마의 공화정은 더 이상 원활하게 돌아가지 않게 되고, 이에 율리우스 카이사르(Julius Caesar)는 로마의 군 통수권과 정치적 권력을 한 사람의 손에 맡기는 독재관(Dictator)과 군사령관(Imperator)에 취임하여 이 문제를 해결하려합니다. 카이사르의 암살 사건은 로마가 공화정에서 황제정으로 가는 길을 닦는 기회가 되었습니다. 그 사건 이후 바로 이어진 내전 끝에 카이사르의 양자인 옥타비아누스가 최종 승자로 남아 존엄자라는 의미의 아우구스투스(Augustus)라는 존칭을 받고 사실상의 황제가 되었습니다. 그는 군사적인 재능이 없고 병사들의 신망도 크지 않아 '임페라토르'라는 칭호가 자신에게 반감을 드러낼 것을 염려하였고, 공화정이 무너지고 황제가 등장하는 것을 거부하는 여론을 달래려는 의도에서 '제1 시민'이라는 의미인 Princeps라는

호칭을 만들어 사용했고, 이것이 후에 퍼져 황제라는 의미가 되었습니다. 이것이 로마 최초의 황제 탄생입니다.

이후 로마의 정치체제는 멸망할 때까지 제정으로 굳어집니다. 이후 로마 제국은 지중해 동부의 과거 알렉산더의 헬라제국의 영토들인 헬라반도와 소아시아반도, 그리고 시리아, 이집트, 유대, 지중해 서부의 북 아프리카의 옛 카르타고, 지금 스페인과 포르투갈이 있는 에스파냐, 프랑스지역인 갈리아 등의 기존 영토에 이어 현재 영국 영토인 브리타니아와 라인 강 서쪽의 독일 땅 게르마니아, 그리스 북쪽의 루마니아가 된 다키아까지 판도를 넓혔습니다. 이러한 영토 확장은 로마제국에게 막대한 부를 안겨주었으나, 로마 제국의 시민들과 시민권 미소유자 사이에는 상당한 빈부격차가 있었습니다. 여기에서 가난한 계층을 의미하는 '플로레타리아'라는 말이 생겨난 것입니다. 로마 제국은 고전 지중해 세계의 보편 문화권이 되었으며, 로마 제국의 건축, 법, 정치 등은 후에 서구세계의 밑바탕이 되었습니다.

로마 황제 테오도시우스 1세는 약해진 황제의 통치력

으로는 더 이상 로마제국을 혼자서 통치할 수 없다고 보았습니다. 그래서 제국을 동서로 나누어 자신의 아들들에게 통치를 맡겼습니다. 이중 서쪽의 로마제국을 가리켜 서로마제국이라 하고, 동쪽의 로마제국은 동로마제국, 후에 비잔틴제국이 됩니다. 서로마제국의 판도는 서쪽으로는 에스파냐와 아프리카 북부, 북쪽의 갈리아와 브리타니아, 게르마니아, 그리고 본국 로마를 포함한 영역이었으나, 이민족의 침입으로 인해 방위선이 무너져, 변경은 그들의 땅이 되어갔습니다. 476년, 서로마제국의 마지막 황제 로물루스 아우구스투스는 이민족 용병대장 오도아케르에 의해 황제의 위에서 퇴위, 서로마제국은 멸망하였습니다. 이런 동서 로마제국의 분열과 서로마제국의 멸망 등은 후에 교회를 동서로 분열하는 서곡이 되었습니다. 로물루스 아우구스투스는 나폴리 만의 루쿨라눔(Lucullanum)에 유배되었으며, 그의 최후는 알려져 있지 않지만 511년까지는 살아남았습니다. 로물루스를 떨어트린 뒤 오도아케르는 비잔틴제국의 섭정이 되어 서로마를 직접 통치하기로 결정했습니다. 그러나

오도아케르는 동고트족의 왕 테오도릭의 손에 살해되었습니다. 고트족은 스칸디나비아 반도에서 기원한 게르만족의 일파입니다. 스칸디나비아에 남은 일파는 기트족으로 불렸고, 남하한 고트족은 로마 제국의 일부를 점령하였습니다. 그리고 3세기경에 동고트족과 서고트족으로 나뉘었습니다.

16. 훈(Hun)족과 반달(Vandals)족

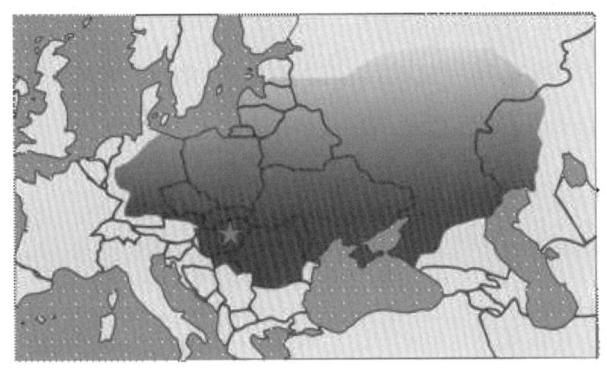

훈족의 최대 영토

    지난 과에서 로마제국의 분열과 서로마제국의 멸망에 대하여 언급하였습니다. 그 역사는 곧 교회의 동서 분열에도 영향을 미치게 되었습니다. 본과에서는 서로마제국의 멸망에 영향을 미친 당시의 세계사를 살펴보고자 합니다.

    훈족(Hun)은 서양사에 등장한 최초의 투르크계 민족

입니다. 때로는 중국의 사서에 기록된 흉노와 같은 민족으로 간주되며, 그 기록은 B.C.1200년대까지 거슬러 올라갑니다. 유럽에 모습을 드러낸 훈족은 아틸라를 리더로 중앙아시아에서 서쪽으로 이동한 기마민족이었습니다. 그들의 대규모 이동으로, 이미 동유럽에 살던 게르만족의 대이동을 일으켰습니다.

훈족은 5세기 중엽에 가장 세력을 떨쳐 아틸라의 지휘 아래 서쪽은 라인 강에서 동쪽은 카스피 해에 이르는 대제국을 이루었습니다. 453년 아틸라가 죽은 후 왕자들의 분열과 게르만 여러 부족의 반란으로 훈제국은 무너지게 됩니다.

아틸라(Attila)는 훈족 최후의 왕이며 유럽 훈족 가운데 가장 강력한 왕이었습니다. 아틸라는 434년부터 죽을 때까지 유럽에서 최대의 제국을 지배했으며, 그의 제국은 중부 유럽부터 흑해, 도나우 강부터 발트 해까지 이어졌습니다. 아틸라는 서로마제국과 동로마제국의 최대의 적이었으며, 발칸반도를 두 번이나 침공하였습니다. 그리고 두 번째 침공에서는 동로마제국의 수도인 콘스탄티노플을 포위하기도 하였습니다. 뿐만 아니라 당시 서로마의 영토였던 갈리아, 즉 현재의 프랑스까지 진격하기도 하였습니다. 그러나 아틸라의 제국은 그의 죽음과 함께 소멸했습니다. 아틸라는 후에 유럽의 역사에서 전설적인 인물로 생각되어, 일부 역사가들은 아틸라를 위대한 왕으로 묘사하고 있으나 서유럽의 대부분에서 아틸라는 잔혹한 야만인 왕으로 기억되고 있습니다.

이 훈족의 유럽 침입은 유럽의 지형과 역사를 바꾸어 놓았습니다. 훈족에게 밀린 게르만족이 대이동을 하게 되면서 로마가 지배하던 영토 안으로 들어오게 되었고 그곳에 있던 여러 민족들의 연쇄 이동이 이루어지게 되었습니다. 훈족이 자리를 잡았던 곳을 훈족의 땅이라는 의미의 훈가리아로 불렀는데 그것이 지금의 헝가리가 되었습니다. 훈족에 밀린 서고트족이 본래 거주지인 다뉴브 강 일대에서 서진하자, 그곳에 살던 반달족은 그 영향으로 서쪽으로 이동하기 시작했습니다.

반달족(Vandals)은 게르만족의 일파로 5세기 초인 406년에 라인 강 방어선을 지키던 로마군이 서고트족의 위협에 직면한 로마를 지키기 위해 철수하자, 반달족은 이틈을 타 갈리아로 이주했습니다. 이때 게르만족의 일파인 프랑크족도 본래 거주지에서 서진하여 갈리아로 이동했습니다. 그 갈리아는 지금의 프랑스 땅이며, 프랑크족에 의해 후에 그곳에 프랑크왕국이 세워지고 거기에서 프랑스라는 이름이 나오게 된 것입니다. 반달족은 계속 남진하여 에스파냐를 거쳐 북아프리카로 건너갔고, 히포를 점령한 후 옛 카르타고 땅을 중심으로 북아프리카 왕국을 건설했습니다. 히포와 카르타고는 지금의 튀니지에 있던 고대도시로서, 특히 히포는 교회사에 유명한 어거스틴이 감독으로 있었던 곳입니다. 로마의 주요 식량 공급지였던 북아프리카를 반달족이 차지하게 되어 로마는 심각한 식량난에 봉착하게 되었고, 반달족은 이동하면서 해적질과 각종 약탈 및 파괴 행위를 벌인 것 때문에 파괴행위를 의미하는 반달리즘(Vandalism)이란 말이 생겨났습니다. 스페인에 있는 도시 이름 안달루시아는 반달인의 땅이라는 반달루시아가 변형된 것이며, 미국 앨라배마에도 안달루시아라는 소도시가 있습니다. 그리고 독일의 도시 프랑크푸르트도 프랑크인이 강을 건넌 지점이라는 의미를 갖고 있습니다.

교회가 로마와 유럽에 많은 영향을 미쳤지만, 또한 로마제국과 유럽의 역사는 교회사와 밀접한 관계에 있으므로 우리는 이처럼 시대의 역사를 알 필요가 있는 것입니다.

17. 5세기 이전의 영국

　우리가 무심코 사용하는 말의 유래를 보면 그 속에 역사가 있습니다. 유럽(Europe)이라는 대륙의 이름은 그리스의 신화에서 비롯된 것입니다. 그 이야기는 다음과 같습니다.

제우스가 페니키아의 공주이며 절세미녀인 유로페(Europe)를 보자마자 한눈에 반해버렸다. 그래서 제우스는 유로페를 자기 것으로 하기 위하여 아름다운 눈을 지닌 황소로 변신하였다. 그리고 들판에서 꽃을 뜯고 있는 유로페 곁으로 접근해 갔다. 유로페는 처음에는 갑자기 나타난 황소에 놀랐지만 얌전한 생김새에 안심하고 머리를 쓰다듬고 등을 만져보며 놀다가 그만 그 소 등위에 올라타 보았다. 그러자마자 이 황소는 기다렸다는 듯이 달아나기 시작하였다. 놀란 유로페가 소의 등에서 떨어지지 않으려고 바둥거리는 사이에 황소는 숲과 강을 넘고 또 해안을 지나 바다 한가운데에 떠 있는 크레타 섬에 이르렀다. 섬에 도착한 황소는 드디어 본체를 드러내면서 말하기를 "유로페야, 놀라게 해서 미안하다. 나는 실은 제우스인데 네가 마음에 들어서 그랬노라. 여기서 사이좋게 함께 살자. 그리고 이 섬과 건너편 해안 일대를 그대의 이름으로 유로페라고 부르자구나."

이런 신화에서 오늘의 유럽이라는 이름이 유래한 것입니다. 유럽의 섬나라 영국은 잉글랜드(England)와 스코틀랜드(Scotland), 북아일랜드(Northern Ireland), 그리고 웨일스(Wales)로 나눠집니다. 그 영국은 처음에 유럽에서 건너온 켈트족(Celts)이 살고 있었습니다. 그 후 게르만족의 갈래인 앵글로족(Anglo)과 색슨족(Saxon)이 건너와서 남부의 평야지대를 빼앗으면서, 켈트족의 한 갈래인 스코트족은 북쪽의 산악지대로 쫓겨 가게 되었습니다. 그 결과 남쪽은 앵글로족과 색슨족이 함께 어울려 살게 되면서 앵글로색슨이라는 통합된 이름이 등장하게 됩니다. 그리고 그들이 살던 남부를 앵글로족의 땅이라는 의미의 잉글랜드가 됩니다. 그런가하면 북부지방은 스코트족의 땅이라는 의미로 스코틀랜드라 부르게 됩니다.

　다른 유럽과 마찬가지로 영국도 고대 로마제국의 지배를 받았습니다. 로마제국의 지배는 그곳에 로마의 문화와 함께 기독교를 전하여 주었습니다. 그리하여 그곳에 있던 켈트인들의 독특한 켈트 기독교문화라는 것이 등장하게 되기도 합니다. B.C. 55년 카이사르의 침입으로 영국 역사에서는 로마인의 첫 침입을 당합니다. 그러나 그는 갑작스러운 침략 준비와 악조건의 기후 때문에 그 해에는 실패하고 말았습니다. B.C.54년 카이사르가 다시 잉글랜드를 침공하려고 시도했을 때, 잉글랜드 지역은 여러 소국들이 뭉쳐서 로마군을 공격하였습니다. 결국 카이사르는 더 이상 공격을 계속하지 못하고 공물을 받는 조건으로 침략을 중지했습니다. 이렇듯 소강상태에 있던 켈트족의 영국과 로마의 관계는 A.D. 43년 클라우디우스(Claudius)황제 때 본격적인 정복 활동에 들어가면서 카이사르 시대와 달리 이번에는 로마의 막대한 힘 앞에 무참히 무너질 수밖에 없었으며 잉글랜드는 로마의 식민지가 되었습니다. 그때 로마군대가 템스 강가에 세운 요새 론디니움(Londinium)이 지금의 영국의 수도인 런던(London)이 된 것입니다.

영국을 점령한 로마군은 로마의 정책상으로 보면 정복당한 켈트인들의 자치정부가 사회의 중심을 이루는 것이 옳았으나, 로마 정부는 그들에게 로마 문명의 건축이나 생활양식이 담긴 자치 도시의 성장을 유도했습니다. 그리고 일부 지역은 로마 내에서 은퇴한 병사들이 건너와서 로마식의 도시들을 만들기도 했습니다. A.D. 4세기 전반기에 들어서면서 로마의 콘스탄티누스 황제는 제국의 변방을 지키는 주둔군들을 주로 현지의 지방민으로 대체하는 조치를 취했습니다. 이러한 조치가 그의 사후에 외곽 지역들을 약하게 만드는 요인으로 작용하여 결국 중앙정부의 잉글랜드에 대한 지배력이 약화되었습니다. 그리고 결국 테오도시우스(Flavius Theodosius) 황제 이후 잉글랜드에 대한 로마의 통치도 막을 내리게 되었습니다. 또한 410년에 서로마 황제인 호노리우스(Flavius Augustus Honorius)가 '영국은 스스로 방어하라'라는 전문을 보내옴으로써 공식적으로 로마제국의 지배시대가 영국에서 끝나게 되었습니다. 그러나 로마인들이 잉글랜드에 남긴 마지막 유산은 로마식 통치를 전파하여 국가 형성의 기초를 만들어 준 것과 로마의 앞선 문화와 기독교의 전파입니다.

18. 갈리아와 게르만

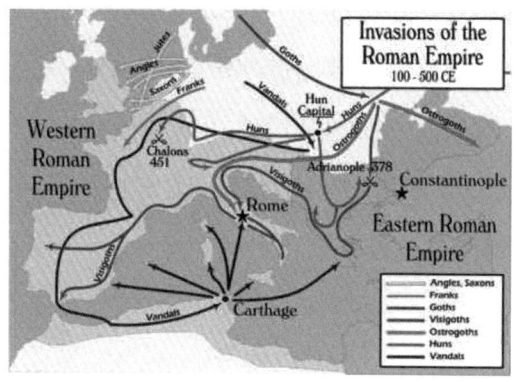

갈리아(Gallia)는 로마제국의 멸망 이전까지 현재의 프랑스, 벨기에, 스위스의 서부 일부 그리고 라인 강 서쪽의 독일을 포함하는 지방을 가리키는 말입니다. 한때는 북부 이탈리아도 갈리아에 포함되었으나 로마제국의 율리우스 카이사르가 점령하고 이탈리아에 포함시켰습

니다. 갈리아 지방은 B.C.58년부터 B.C.51년까지 8년 간 율리우스 카이사르에 의해 평정되어 로마의 속주가 되었습니다. 갈리아의 원 거주민은 켈트족(Celt)입니다. 갈리아라는 이름 자체가 '켈타이(Celtae)'를 라틴어식으로 옮긴 것입니다. 게르만족(German)은 현대의 스웨덴인, 덴마크인, 노르웨이인, 아이슬란드인, 앵글로색슨인, 네덜란드인, 독일인 등이 이에 속합니다. 그러나 4세기 민족 대이동 이전 원시 게르만 민족을 뜻하는 경우가 많습니다. 그들의 본래 거주지는 스칸디나비아반도 남부에서 덴마크지역, 그리고 북부 독일에 걸치는 지역이었으나 B.C.2세기부터 B.C.1세기에 이동을 개시하여 동남쪽으로는 멀리 흑해 연안에, 서남쪽으로는 라인 강 유역까지 퍼져나가서 세 그룹으로 나뉘었습니다. 북게르만 그룹은 덴마크인과 노르만인 등이 되었으며, 서게르만 그룹은 앵글인, 색슨인, 그리고 프랑크인 등이 되었습니다. 동게르만 그룹은 동고트인, 서고트인, 반달인 등이 되었습니다.

375년 동게르만의 고트족이 아시아에서 침입해온 훈

족의 압박을 받아 이동을 개시함으로써 게르만민족의 대이동이 시작되어, 게르만족의 왕국들이 각지에 세워졌습니다. 북아프리카의 반달왕국, 에스파냐의 서고트왕국, 이탈리아의 동고트왕국, 남프랑스의 부르군트왕국, 북프랑스의 프랑크왕국, 영국의 앵글로색슨왕국 등이 그것입니다. 그리고 게르만족의 고향에 남아있던 북게르만족도 스웨덴, 노르웨이, 덴마크의 세 왕국을 세웠습니다.

프랑크족(Frank)은 단일 부족명이 아니라 라인 강 중, 하류에 거주하는 여러 소부족의 부족집단에 대한 호칭입니다. 그들은 게르만족의 대이동 시기에 라인 강을 넘어 갈리아 지방으로 퍼졌습니다. 그리고 5세기 말에 프랑크왕국을 건설하였습니다. 후에 그 왕국이 분열되면서 서프랑크는 현재의 프랑스로, 동프랑크는 현재의 독일로 발전하게 됩니다. 그리고 프랑크왕국은 서유럽 최초의 기독교적 게르만 국가로서 기독교 문화와 중세 여러 제도의 모체가 되었습니다.

325년에 지금의 터키지역의 북부도시 니케아에서 열

린 니케아 공의회(The Councils of Nicaea)에서는 아리우스 (Arius)의 주장을 이단으로 규정하였습니다. 아리우스의 주장은 성자는 모든 피조물과 같이 창조되었을 뿐, 하나님이되 피조물과 하나님의 중개역할을 하고, 성부가 그에게 세상을 구원하도록 선택한 것이라는 것입니다. 그러나 니케아 공의회의 결정 이후 아리우스파는 한때 로마의 황제 콘스탄티누스(Constantinus) 1세와 콘스탄티우스(Constantius) 2세 아래서 전 로마제국에 영향을 미칠 만큼 세력을 떨쳤습니다. 그렇지만 381년에 지금의 터키의 이스탄불인 당시 이름 콘스탄티노플에서 열린 제1회 콘스탄티노플 공의회는 니케아 공의회가 결정한 니케아신경(Nicaenum)을 재확인하였습니다. 그럼에도 북 게르만족들에게는 아리우스파의 주장이 한 동안 영향을 미치기도 하였습니다.

19. 비잔틴 제국과 교회

서방제국 · 헝가리 왕국 · 드네프르 강 · 돈 강 · 불가 강

비잔틴제국

A.D.395년 로마제국이 동서로 나뉘게 되면서 로마를 수도로 하는 서로마제국과 콘스탄티노플을 수도로 하는 동로마제국이 생겨납니다. 동로마제국은 후에 비잔틴제국(the Byzantine Empire)이라고도 불렸습니다.

영어식 발음의 콘스탄티노플(Constantinople)은 본래 라틴어로 콘스탄티노폴리스(Constantinopolis)로 표기하였습니다. 이 도시는 로마제국의 황제 콘스탄티누스가 그 이름을 바꾸기 전에는 비잔티움(Byzantium)이었습니다. 그 후 콘스탄티노플은 1453년 5월 29일 오스만 투르크 제국에게 함락되었으며, 오스만제국 하에서는 콘스탄티노플과 현재의 이름인 이스탄불(Istanbul)이 모두 사용되다가 1930년에 와서야 이스탄불이 도시의 공식 명칭이 되었습니다. 이런 유래에서 동로마제국을 통상 비잔틴제국이라 불렀었고, 후에 역사가들에 의해 이 이름이 공식화되기에 이르렀습니다. 그러나 그 제국의 사람들은 그 나라를 로마제국으로 불렀습니다. 비잔틴제국 혹은 동로마제국(라틴어; Imperium Romanum Orientale)은 서로마제국의 멸망 이후에도 1453년 오스만제국에게 망할 때까지 천년 가까이 유지되었습니다. 비잔틴 제국은 중세 유럽에서 가장 막강한 국가였으며, 한때 활발한 정복 사업을 통해 옛 로마제국의 고토를 거의 되찾아 광활한 지중해 세계를 통일하여 그 중심지 역할을 하기도 하였습니다. 특히 수도인 콘스탄티노플은 아시아와 유럽을 잇는 무역로에 자리 잡고 있어 제국의 경제는 수세기 동안 유럽에서 가장 부유했습니다. 더불어 비잔틴제국은 동쪽의 페르시아, 오스만 등의 침략으로부터 유럽과 기독교 세계를 보호하는 방파제 역할까지 하였습니다.

이런 정치적인 상황 속에서 교회는 로마의 분열과 함께 로마시의 주교를 중심으로 하는 서방교회와 콘스탄티노플의 대주교를 중심으로 하는 동방교회로 점차 나뉘게 되었습니다. 그리고 이 동방교회를 흔히 동방정교회(The Eastern Orthodox Church)로 불렀습니다. 서방교회가 후에 교황이라고 불리게 된 로마 주교의 큰 영향력 아래 있었다면, 동방정교회는 황제의 지배하에 있었기에 콘스탄티노플 대주교의 영향력은 그리 대단치 않았습니다. 그래서 각 나라별로 교회의 자립화가 이루어져 있었습니다. 비잔틴제국의 활발한 선교로 세르비아, 불가리아, 러시아 등 슬라브 민족인 대부분의 동유럽권과 일부 중동권에 기독교가 확산되었고 비잔틴 제국은 자연스레 정교회의 본산지 역할을 담당하였습니다.

슬라브 민족은 동방정교회와 함께 키릴문자를 받아

들이게 되었습니다. 이 문자는 선교사 키릴이 선교를 위해 문자가 없던 지역에 그리스어를 바탕으로 고안하여 가르친 것으로 여겨지고 있습니다. 슬라브족이 정교회 신앙을 받아들이는데 결정적 역할을 한 것은 9세기 그리스 출신의 선교사인 키릴과 메소디우스 형제였습니다. 그리스 북부 데살로니가 출신인 이들은 세르비아의 슬라브족에게 정교회 신앙을 전했고 문자를 만드는 등 슬라브족의 종교와 문화에 큰 영향을 미침으로써 '슬라브족의 사도'라고 불립니다. 이렇게 비잔틴 사회에서는 교회가 매우 중추적인 역할을 하였습니다. 태어나서 죽을 때까지 세례, 결혼, 장례 등 개개인 생활의 중요한 순간에 교회가 중요한 역할을 담당했으며, 또한 신학, 예술, 경제, 정치, 외교 등 국가와 사회의 모든 부문에 지대한 영향을 미쳤습니다.

20. 수도원 운동의 시작

제롬(Jerome)

일반적으로 기독교 수도원 운동의 기원은 이집트의 안토니(Anthony)를 말하게 됩니다. 수도원 생활의 근본적인 원리를 영적인 것에 최고의 가치를 두고자 하는 것이었습니다. 과거 예수님 당시에도 팔레스타인에는 광야에서 금욕적인 생활을 하는 공동체인 쿰란 공동체 엣세네파가 있었습니다. 세속화되고 타락해가는 것에 반하여 경건을 추구하는 운동이었던 것입니다. 안토니는 성경의 재물이 많으므로 주님을 따르지 못했던 부자 청년에 대한 기록을 통해 크게 도전을 받고 285년경 그의 부유한 모든 생활을 저버리고 광야로 나아가 극기의 삶을 살아가기 시작하였습니다. 그는 하루에 빵, 소금 그리고 물로 한 끼를 먹고, 잠은 조금만 자며, 많은 시간을 기도 생활로 보냈다고 합니다. 이러한 그의 생활은 많은 사람들에게 영향을 주어서 그와 같이 살려는 이들이 광야로 모여들게 되었습니다. 그 후 4세기에는 이미 수천 명의 사람들이 모이게 되었다고 합니다.

처음에는 정해진 규칙 없이 진행되던 공동체가 군인 출신의 파코미우스(Pachomius)라는 이름의 인물이 이집트에서 나타난 후 이때부터 수도원에 모이는 사람들이 확실히 정해진 규칙 아래서 공동의 수도생활을 시작하게 되었습니다. 여러 곳의 수도원들 중에는 여성들을 위한 수도원도 생겨났습니다. 그리고 이집트의 이런 운동과 비슷한 시기에 팔레스타인 지역과 시리아에서도 금욕적인 운동이 나타나기 시작했는데 그 중 기둥성자라는 별명으로 유명한 시몬 스타일라이트(Simeon Stylite)는 높은 기둥 위에 올라가 수 년 동안을 살기도 했습니다.

4세기에 지금의 터키 땅인 소아시아반도의 내륙인 갑바도기아 지방의 도시 가이사랴의 바실(Basil of Caesarea in Cappadocia)은 당시 유명한 그리스의 아덴 대학교에서 훌륭한 교육을 받았습니다. 그러나 신앙생활에 자신의 생애를 헌신하고자 결심한 후 고향으로 돌아온 그는 이리스(Iris)의 아름다운 강변에서 수도생활을 시작하였습니다. 바실은 수도원 생활의 관리와 신학적 발전에 크게 이바지하였는데, 그의 수도생활에 관한 저서들은 수도원 생활의 조직, 관리, 그리고 원리에 대해서 크게 영향을 미치게 되었습니다.

유세비우스 히에로니무스(Eusebius Hieronymus)라고도 불리는 제롬(Jerome)은 수리아지방의 광야에서 은둔생활을 하다가 후에 베들레헴에 수도원들을 설립하고 수도원에 머물면서 히브리어로 기록된 구약성경과 헬라어로 기록된 신약성경을 라틴어로 번역하였는데 그것이 바로 벌 게이트(the Vulgate version)역본입니다. 지금의 프랑스인 유럽의 고올(Gaul)에서도 이 당시 수도원이 생겨나게 되었으며, 5세기가 될 무렵에는 고올의 남쪽 해안지방에 수많은 수도원들이 생겨나기 시작하였습니다. 그리고 당시 많은 수도원을 설립한 요한 캐씨안(John Cassian)은 이집트의 수도원을 여러 번 방문한 후 발간한 수도원 생활의 교육 지침서로 알려진 그의 책은 서구에서 널리 읽혀지며 중세까지 큰 영향을 끼치는 책이 되었습니다.

이런 기독교 초기의 수도원 운동은 교회가 세속화되며 영적인 활력을 잃어가고 있을 때에 영적인 활력을 불어넣어 주었으며, 제롬이나 어거스틴과 같은 학자들을 배출하는 학문적인 연구의 중심 역할도 하였습니다. 그리고 곳곳에 퍼져나간 수도원 운동은 선교적인 사명도 감당하였습니다.

21. 사산조 페르시아

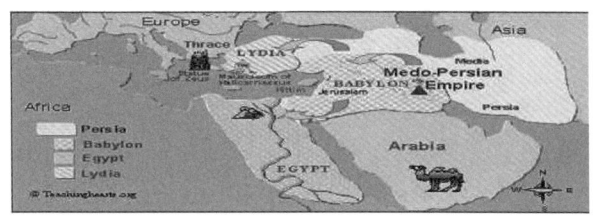

중세 이전의 지금의 이란지역의 제국인 페르시아를 살펴보고자 합니다. 고대사에서 성경에 그 이름을 남긴 고레스 왕에 의해 세워진 페르시아(한글성경의 바사)가 있습니다. 당시 페르시아는 지금의 중동지역 전체와 소아시아 반도, 그리고 이집트까지 지배하였습니다. 그러나 그 페르시아는 알렉산더가 이끄는 헬라군대에게 망하였습니다. 이어서 그 지역은 알렉산더의 죽음과 함께 나뉘었는데 이집트와 팔레스틴의 일부는 알렉산더의 부하

프톨레미가 다스리는 이집트가 되고, 지금의 시리아와 이라크, 그리고 이란영토는 셀류쿠스에 의한 시리아왕국의 영토가 됩니다. 페르시아제국의 본토인 지금의 이란영토가 시리아왕국의 지배하에 있게 된 것입니다. 그 후 지금의 이란지역에서 새로 일어난 파르티아(한글성경의 바대) 왕국은 시리아로부터 그 영토의 일부를 회복하였습니다.

파르티아는 A.D.51년~122년 중앙권력의 약화로 몇 몇 군소국가로 점진적 분열양상을 보이다가 1세기 들어 북부 11개와 남부 7개 등 18개 군소왕국으로 분열되었지만 중앙정부의 명맥은 유지되었습니다. 이후 1세기말 경에 파르티아왕국에서는 잦은 왕권다툼이 일어나 두 사람의 왕이 동시에 등장하거나 왕위를 노리는 자들의 도전을 받기도 했습니다. 또 로마제국과의 잦은 전쟁으로 국력이 극도로 소모되었습니다. 예를 들면 파르티아의 수도 크테시폰은 165년과 194년, 즉 불과 30년 사이에 2번이나 로마군에 의해 점령당했습니다. 물론 파르티아도 복수전을 전개하여 로마의 영토를 침입하여 여러 도시를 초토화시켰으므로 국가 재정의 파탄은 피할 수 없었습니다.

이 상황에서 사산 가문의 아르다시르(Ardashir)가 224년에 반란을 일으키자 파르티아는 무너졌습니다. 그렇게 세워진 새 왕조는 아르다시르 1세의 선조인 사산(Sasan)의 이름을 따서 고대 페르시아와 구별하여 사산왕조의 페르시아가 되었습니다.

사산인들은 아르다시르 1세(224~241 재위)의 지휘 아래 파르티아 인들을 멸하고 제국을 세웠는데, 서쪽으로는 로마에 대응하고 동쪽으로는 쿠샨왕조와 에프탈족에 대응하여 그 영토가 끊임없이 변화했습니다. 사산왕조의 통치하에서 이란의 민족주의가 부활하자 조로아스터교(Zoroastrianism)가 국교로 인정되었으며 다른 종교의 지지자들은 여러 차례에 걸쳐 공공연히 박해를 받아야 했습니다. 특히 기독교 국가인 로마와의 전쟁으로 페르시아 내의 기독교인들은 많은 핍박을 받게 되었습니다. 3세기 중반 이후 티그리스와 유프라테스 강변의 아람어 사용 공동체에서 추종자가 많았습니다.

로마제국에 기독교가 공인되기 전에는 사산왕조는 기독교에 대하여 관용했으나, 마니교(Manichaeism)나 그노시스교(Gnosticism)에 대해서는 적대적 태도를 취했습니다. 그러나 로마가 점차 기독교화 된 339년 이후 기독교인들은 심한 박해를 받았습니다. 그럼에도 불구하고 이란의 기독교는 사산왕조가 멸망한 후에도 오랫동안 남아 있었습니다.

호르미즈드 4세(Hormizd 579~590 재위)는 비잔틴제국과 평화 협상에 실패했지만, 기독교에 관대한 정책을 폈습니다. 이러한 정책은 그의 아들 호스로우(Khosrow) 2세에까지 이어져 결국 조로아스터 교도들의 반란을 야기시켰습니다. 호스로우 2세는 콘스탄티노플로 도피했으며, 로마황제 마우리키우스(Mauricius)의 도움으로 591년 다시 페르시아의 왕위에 올라 그의 통치기간 동안 번영을 누렸습니다.

비잔틴제국과 페르시아 사이의 장기간에 걸친 전쟁으로 인해 사산왕조의 세력은 쇠퇴했고, 이슬람 화 된 신흥 아랍족의 새로운 도전에 직면했습니다. 유프라테스

강변에서 있었던 전투에서 사산왕조의 최고지휘관 루스
탐이 전사했으며, 마지막 왕 야즈데게르드(Yazdegerd) 3
세도 651년에 암살되므로 사산왕조의 페르시아는 멸망
하게 되었습니다.

22. 최초로 기독교를 국교로 선포한
아르메니아(Armenia)

아르메니아 지도

소련의 지배를 받다가 독립한 현재의 아르메니아는
지리적으로 남쪽으로 이란과 터키, 북쪽으로는 그루지
아(Georgia)와 아제르바이잔(Azerbaijan)과 국경을 맞대고 있습니다. 흑해와 카스피해 사이의 내륙에 위치하며 아라랏 산을 끼고 있어 국토의 대부분이 산악지대입니다. 그곳은 전략적 요충지였으므로 그곳의 아르메니아인은 오랜 시간 동안 주변의 강대국들 사이에서 이민족의 지배를 받았습니다. 지금은 선교지로서 관심을 갖게 되는 아르메니아는 기독교 초기 역사에 그 이름을 남기고 있습니다.

아르메니아는 로마제국의 콘스탄틴황제가 기독교에 대한 핍박을 금하는 밀란(Milan)칙령을 내린 313년보다 훨씬 이전인 301년 국가적으로 기독교를 국교로 정한 세계 최초의 나라라는 사실은 사람들에게 별로 알려져 있지 않습니다. 주위의 국가들이 모두 이슬람으로 개종할 때도 아르메니아는 개종을 거부해 나중에 근방에서는 아르메니아 민족만이 기독교 민족으로 남았습니다. 바로 이 때문에 기회만 생기면 아르메니아를 이슬람 국가로 개종하기 위한 이슬람 제국들의 침략이 이어졌습니다. 필자가 예루살렘을 방문하면서 그곳에서 아르메니안 교회를 보았고, 예루살렘에 아르메니안 구역이 있는 것을 보았습니다. 그들의 교회가 예루살렘에 자리 잡기 시작한 것은 5세기부터입니다. 그리고 19세기에, 그리고 제1차 세계대전 이후에 오토만터키에 의한 대량학살이 자행되는 동안 터키의 아나톨리아 지역의 아르메니아 교인들의 대량 이민으로 인하여 이스라엘 지역의 아르메니아 교인들이 늘어났습니다.

15세기경부터 오토만제국이 중동지역과 발칸반도 전 지역을 정복하면서 아르메니아도 오토만터키제국의 통치를 받기 시작했습니다. 아르메니아 대학살이 벌어지기 전 오토만제국에는 약 300만 명의 아르메니아인이 살고 있었습니다. 그러나 1915년에 터키 정부가 수립한 정책에 따라 실행된 대학살로 약 150만 명의 아르메니아인들이 처참하게 학살당했습니다.

아르메니아는 고대에 이미 국가를 건설했었으며, 동로마제국 즉 비잔틴제국에서는 그리스인들 다음으로 많은 아르메니아인이 관료나 장군, 그리고 고위 성직자로 승진되었습니다. 심지어는 황제가 되는 경우도 있었습니다. 아르메니아는 현재의 에레반(Yerevan)에 성을 건설한 아기스티스 왕(King Argistis)의 우라투(Urartu)와 알렉산더 대왕의 헬라제국, 알렉산더의 부하인 셀루쿠스(Seleucus)의 시리아, 그리고 로마제국과 비잔틴 제국의 지배를 받았습니다.

428년에 아르메니아를 점령한 사산조 페르시아제국이 조로아스터교(Zoroaster/ 배화교)로의 개종을 강요함으로 인해 451년에 반란이 일어나며, 결국은 아르메니아에게 정치적, 종교적 자유를 가져오게 하였습니다. 그후 이슬람의 아랍제국은 7세기에 아르메니아 북부를 지배했으나 11세기에 비잔틴 제국이 세력을 재 확장해왔고 뒤를 이어 투르크(Turk)제국의 점령을 받았습니다. 12세기말에는 이집트의 맘룩(Mamluks)과 십자군이 지배를 했었습니다. 페르시아와 오토만터키가 뒤를 이어 아르메니아를 통치했는데 오토만 투르크는 400년이나 아르메니아를 지배했습니다. 현재에도 국민의 대부분이 아르메니아 정교회(Armenia Orthodox Church) 신자인 아르메니아에는 4만개 이상의 오래된 교회와 기념물들이 남아 있습니다. 아르메니아, 이집트, 에디오피아, 시리아에 있었던 교회들은 451년의 칼케돈 공의회(Coucil of Chalc-edon)의 결정, 즉 '그리스도의 한 인성 안에 두 본성이 연합되어 있다'는 그리스도의 신인양성론을 거부하였습니다. 결과적으로 반 칼케돈 교회들은 그리스도의 신성을 중심으로 한 단성론 교리를 갖고 있습니다.

23. 에티오피아(Ethiopia)와 기독교

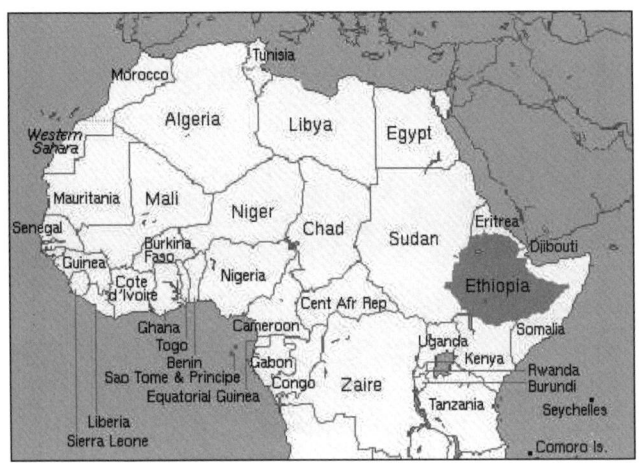

　　북 아프리카에 기독교가 전해진 것은 기독교 역사에
서 매우 초기의 일입니다. 이집트는 마가복음의 저자인
마가의 선교와 순교의 역사를 가지고 있으며 초대교회
사에서 매우 중요한 역할을 한 곳이기도 합니다. 그런가
하면 지중해 연안의 많은 곳들이 일찍 복음을 접하였고

로마제국의 영토에 들어있던 전 지역이 빠르게 기독교의 복음을 듣고 교회들이 세워지게 되었습니다. 그러나 아프리카의 타 지역에 대한 기독교 전파의 기록은 찾아보기가 어렵습니다. 북 아프리카를 제외한 대부분의 아프리카에 대한 고대사 기록이 거의 없는 현실에서 에티오피아는 그 중 역사가 오랜 나라입니다.

살빛이 검다는 뜻의 이름을 가진 에티오피아는 성경에서 구스(Cush)로도 표기합니다. 구스는 노아의 세 아들 중 함의 아들입니다. 즉 그 구스의 후예라는 말입니다. 구약에서는 나일 강 상류지역인 현재의 이집트 남부지역과 북부 수단지역에 누비아왕국이 있었는데 그곳을 에티오피아로 불렀습니다. 역사가 늘 그렇듯이 국경은 늘 변해왔기 때문에 고대의 에티오피아와 현재의 국가를 같은 국경으로 이해할 수는 없습니다. 그러나 에티오피아라는 이름은 고대부터 존재한 것입니다.

우리에게 커피의 원산지이며 가난하고 굶주린 나라로서 인식되고 있는 에티오피아는 다른 어떤 나라보다도 독립국가로의 역사가 깁니다. 에티오피아가 다른 아프리카 나라들과 달리 두드러진 특색을 가지고 있는 것은 3천년에 이르는 역사 때문입니다. 3천년 전은 솔로몬 왕 시대로, 시바의 여왕이 지혜 겨루기에 져서 솔로몬 왕과의 사이에서 얻은 아들 메넬리크 1세가 에티오피아의 초대 황제가 되었다고 합니다. 시바는 남 아라비아의 지금의 예멘이 위치한 곳에 있던 나라였습니다. 그러나 홍해를 건너 북 에티오피아로 이주한 사람이 많았습니다. 그리고 이주한 후에도 시바라는 명칭을 사용했으므로, 에티오피아의 역사학자들은 시바의 여왕이 예루살렘에 간 것은 에티오피아에서라고 주장하나 증거는 없습니다. 그렇지만 에티오피아의 공식 역사는 이것을 사실로 초대 왕 메넬리크 1세가 솔로몬과 시바의 여왕 사이에 태어난 아들로 기록하고 있습니다.

남 아라비아로부터의 이주민은 에티오피아에 고도의 문화를 들여와 강대한 왕국을 이룩하게 되었고, 이 왕국은 악숨(Aksum)이라는 도시를 중심으로 살았기 때문에 악숨 왕국이라 불렸습니다. 악숨 왕국은 정치적으로는 홍해를 건너 남 아라비아를 영토로 삼을 정도로 크게 세력을 떨친 때도 있었습니다. 그리고 문화적으로는 아프리카 유일의 문자를 만들어낼 정도까지 발전하여 지금까지 사용되고 있습니다. 악숨 왕국은 이슬람 발흥으로 쇠퇴하고 사막은 이슬람의 세력 하에 들어갔으나, 고원에서는 악숨 왕국으로부터 이어받은 기독교 문화와 제도가 끊임없이 계속되었습니다.

사도행전에서는 에티오피아의 내시가 예루살렘을 방문하고 돌아가다가 빌립을 통해 복음을 듣게 되는 기록을 보여줍니다. 그리고 4세기 중엽까지는 에티오피아에 교회가 존재하였다는 어떤 기록도 남아 있지 않습니다. 그러나 4세기 후반부터 그곳에는 기독교가 왕성하게 확장되었습니다. 그와 관련한 기록으로는 푸르멘티우스(Frumentius)라는 사람의 이름이 등장합니다. 그는 이집트 알렉산드리아의 주교였던 아타나시우스에 의해 에티오피아의 주교로 임명되어 복음을 전했던 사람으로 알려져 있습니다. 지리적으로도 이웃한 이집트, 특히 기독교가 왕성하였던 알렉산드리아와의 교류를 통해 일찍 복음이 전해졌을 것이라는 것은 짐작하기 어렵지 않습

니다. 그리고 기독교 초기에 에티오피아의 내시가 예루
살렘을 방문한 것처럼 유대인의 피를 가진 에티오피아
사람들의 예루살렘과의 왕래는 일찍 기독교의 복음을
듣게 된 배경이 됩니다. 이처럼 에티오피아는 오랜 기독
교 역사를 갖고 있는 나라입니다.

24. 시리아와 기독교

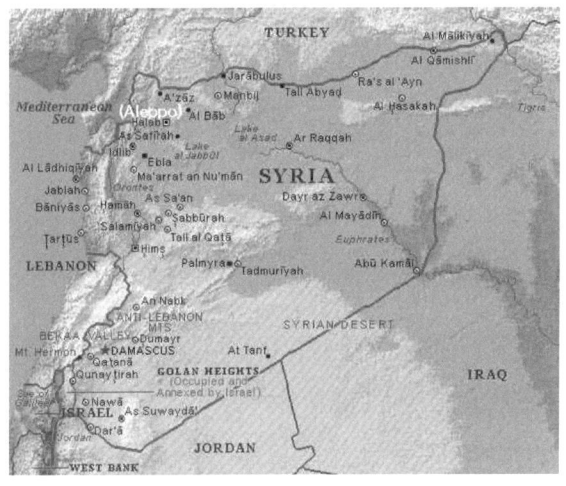

시리아는 면적이 한국의 두 배 정도 크기로서 정식 명칭은 시리아 아랍 공화국입니다. 인구는 약 2천만 명이며, 터키, 이라크, 요르단, 이스라엘, 그리고 레바논과 국경을 접하고 있습니다. 시리아라는 이름은 고대부터 동부 지중해 연안 북부지방을 가리키는 명칭이었습니

다. 수도 다마스쿠스는 성경에서 언급될 정도로 3천 5백 년의 역사를 자랑하는 도시로서 아랍어로는 '디메슈끄' 또는 '앗샴'이라고 합니다. 다마스쿠스라고 하는 말은 'Damaskene(물의 신의 아내)'라는 이름에서 비롯되었다고 합니다. 이 도시가 바로 사도 바울이 회심한 곳으로 성경은 기록하고 있습니다. 그리고 지금은 터키의 영토가 된 안디옥이 바로 시리아의 오랜 영토였습니다.

언어학적인 관점에서 볼 때 시리아는 참으로 중요한 나라입니다. 인류 최초의 문자라고 할 수 있는 수메르어의 설형문자가 시리아 남쪽에 위치한 '마리'라고 하는 도시를 중심으로 존재해 있었고, 쐐기 문자가 우가릿에서 발견되었습니다. 고대에 이미 시리아에서는 메소포타미아 문명에 기반을 둔 수메르 문명이 꽃피고 있었고, 우가릿 이라고 하는 도시 왕국을 중심으로 페니키아인들이 상업 및 문화의 꽃을 피웠습니다. 시리아지방의 페니키안들에 의해 그들의 문자가 유럽에 전해지게 되어 지금의 유럽어의 뿌리가 되었던 것입니다. 뿐만 아니라 지중해의 여러 곳에 상업을 통해 그들의 문명을 곳곳에 전하게 되었습니다.

북쪽 터키고원과 남쪽 아라비아반도의 접촉지대에 위치한 시리아는 지중해에 면해 있어 동 서간 교통요충인 서아시아의 십자로입니다. 그러므로 여러 민족이 이 땅에 와서 다채로운 역사를 만들어냈습니다. 앗시리아, 바벨론, 페르시아, 헬라와 시리아왕국, 그리고 로마제국 등의 지배를 받았던 고대 역사가 있었습니다. 성경에서 아람왕국과 아람사람은 바로 시리아사람들입니다. 고대 시리아어가 아람어인데 그 아람어를 이스라엘 사람들이 사용을 하였고, 예수님 또한 지상에 계실 때 사용하셨습니다. 그리고 성경의 무대가 되어왔던 지금의 이스라엘, 레바논, 시리아, 요르단, 이라크 일부지역은 고대부터 '샴'이라고 불리었는데 샴 이라고 하는 말은 곧 시리아를 의미했습니다.

이와 같은 역사로 인해 이곳의 사람들은 다양한 민족들로 구성되어 있습니다. 알렉산더의 헬라제국 및 그 후의 셀류쿠스 왕조의 시리아왕국 등으로 인해 그리스인들이 지배하며 많은 그리스인들이 유입되어 살게 되었습니다. 그 후 로마의 지배도 비슷한 영향을 미치게 되면서 지금도 그리스 계통의 혈통을 가진 이들이 살고 있기도 합니다. 그런가하면 이웃의 아르메니아 사람들과 쿠르드족 등을 포함한 다양한 민족들이 함께 살아가고 있습니다.

초대 기독교의 큰 영향을 받아 많은 교회들이 세워졌던 곳으로서, 로마 제국의 핍박에도 불구하고 시리아 내에는 수많은 기독교인들과 순교자들이 있었습니다. 그러던 것이 313년 콘스탄틴 황제의 밀라노 칙령과 381년의 데오도시우스 황제의 국가종교로의 공인을 계기로 말미암아 동로마 제국 즉 비잔틴 제국 시대 때에 시리아 북부지역에 많은 교회들과 수도원, 그리고 수도사들이 생겨났습니다. 그러나 그들은 아르메니아지역의 교회들과 에티오피아교회, 그리고 이집트의 콥틱교회 등과 함께 칼케돈공의회의 결정과 다르게 그리스도의 단성론을 주장하는 자들이 되었습니다. 그 후 시리아는 7세기 무렵에 이슬람제국의 지배를 받게 되면서 현재 이 나라 인구의 90퍼센트의 인구가 이슬람 교인이 되었습니다. 그러나 이슬람 지역으로 인식되어 있는 중동지방의 국가임에도 10퍼센트가 로마가톨릭과 시리아정교회, 아르메니아정교회 및 개신교입니다. 그 10퍼센트 중 개신교는 10퍼센트를 차지하고 있습니다.

25. 5~6세기의 기독교와 서유럽

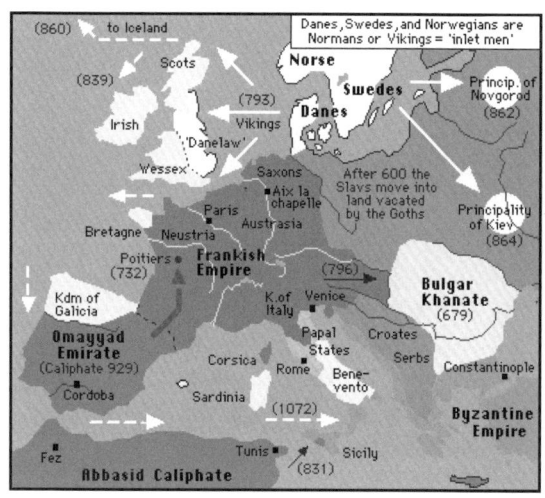

로마의 데로도시우스 황제가 기독교를 제국의 국교
로 선언한 것이 381년입니다. 그 이후 431년에 에베소
공회와 451년의 칼케돈 공회 등의 중요한 회의들이 있었

습니다. 그 시대는 유명한 신학자인 히포의 어거스틴이 활동하고 있었으며, 수도원 운동에 큰 영향을 미친 베네딕트와 아일랜드에 복음을 전한 콜룸바, 그리고 로마 주교로서 590년에 교황이라는 칭호로 처음 불리게 된 그레고리 1세 등이 있었던 때였습니다. 그리고 같은 시기인 476년에 서로마제국이 멸망하기도 하였습니다.

프랑크왕국은 5세기말 게르만족의 한 부족인 프랑크족이 현재의 프랑스, 독일, 이탈리아를 아우르는 지역에 세운 왕국입니다. 이 왕국은 후에 왕국이 나뉘면서 서프랑크는 프랑스, 중프랑크는 이탈리아, 그리고 동프랑크는 독일을 형성한 것으로 일반적으로 평가되고 있습니다. 프랑크왕국은 동로마의 유스티니아누스 황제가 이태리의 동고트족과 아프리카의 반달족을 격멸하고, 아랍인이 에스파냐의 서고트왕국을 제거한 와중에서 거의 유일한 게르만족의 정치체제였습니다. 프랑크 왕국이 수립된 5세기 말은 서로마제국이 476년에 용병대장 오도아케르에 의해 멸망하고, 걸림돌이 사라진 서유럽으로 게르만족이 대거 이동하면서 국가를 수립하던 혼란의 시기였습니다. 게르만족이 갈리아지역으로 이동하기 시작한 것은 이미 오래 전부터의 일이었지만, 이 시기에는 부족 단위로 대규모로 이동하였습니다. 이 시기 게르만족의 대이동은 동쪽으로부터 훈족이 압박해온 것이 이유였지만, 로마제국이 더 이상 이들을 막을 수 없는 상태였기 때문에 가능했습니다.

당시 게르만족들의 이동 경로를 살펴보면 대략 다음과 같습니다. 흑해 연안에서 살고 있던 서고트족이 남프랑스와 스페인이 위치한 이베리아반도 북부로, 동고트족은 이탈리아, 반달족은 북아프리카, 부르군트와 프랑크족은 라인 강의 중하류에, 앵글로색슨족은 현재는 잉글랜드로도 불리는 브리타니아 섬, 그리고 보다 후대이지만, 바이킹족 일부인 노르만인들은 지금의 러시아 땅으로 이동하여 후에 러시아가 되는 키예프 공화국을 세웠습니다. 잉글랜드라는 말은 앵글로족의 땅이라는 의미입니다. 이들은 이동 후에 자신들의 국가를 세웠습니다. 그러나 이들 중에서 서고트족, 동고트족, 반달족 등은 사라졌고, 부르군트족의 부르군트 왕국은 백년전쟁

후에 프랑스로 통합되었습니다. 백년전쟁 당시 잔 다르크를 사로잡아 영국군에 팔아넘긴 것이 바로 이 부르군트인들입니다. 스코틀랜드, 웨일즈, 그리고 아일랜드는 게르만족이 아니라 켈트족 계통입니다. 한편, 게르만족의 대이동을 일으킨 훈족은 5세기 중엽에 가장 세력을 떨쳐 아틸라의 지휘 아래 서쪽은 라인 강에서 동쪽은 카스피 해에 이르는 대제국을 이루었지만, 453년 아틸라가 죽은 후 왕자들의 분열과 게르만 여러 부족의 반란으로 훈제국은 무너지고, 흑해 연안으로 가서 다른 민족과 혼혈하고 동화됨으로써 민족의 전통이 사라져 버렸습니다.

프랑크 왕국의 첫 번째 왕조인 메로빙거 왕조는 481년에 시작되었습니다. 훈족이 쇠퇴하고 기존에 강력한 경쟁자들이 스스로 멀리 머나먼 땅으로 이동한 공백기를 이용하여 수립한 것입니다. 왕국을 세운 클로비스(Clovis)는 왕국 수립 후 갈리아를 침략하여 로마제국의 마지막 남은 세력을 분쇄하여 갈리아를 장악하게 됩니다. 이후 방향을 돌려 라인 강 동쪽 지역을 침략하여 지금의 독일지역을 정복하던 중인 506년에 기독교로 개종하였습니다. 지금 독일의 도시 프랑크푸르트는 프랑크인의 통로라는 의미를 가지고 있어 프랑크왕국의 흔적을 남기고 있습니다.

26. 5~6세기의 동아시아

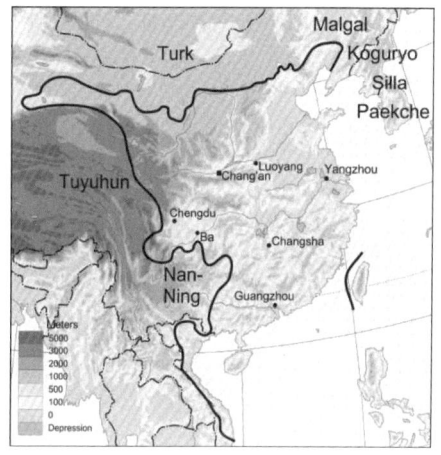

통일 중국 수나라의 영토와 그 주변국가

　본과에서는 5~6세기 동북아시아의 상황을 간단히 살펴보겠습니다. 서로마가 멸망한 이후 서유럽에는 프랑크왕국이라는 큰 제국이 등장하였고, 동로마가 비잔틴제국으로 여전히 큰 세력을 떨치고 있던 시기에 중앙아시아에서는 돌궐족에 의한 큰 제국이 등장하였습니다. 한 때 중앙아시아에 큰 제국을 세웠던 훈족 혹은 흉노족 이후 그곳에는 알타이 산맥에 살던 부족 돌궐족이 당시의 큰 지배세력이었던 '유연'을 멸망시키고 중앙아시아에서 만주에 이르는 광범위한 지역을 지배하는 세력이 되었습니다. 이때가 6세기입니다. 이 부족의 다른 표현은 투르크족(Turk)으로서 터키는 이들을 자신의 조상으로 여깁니다.

돌궐은 유연족에 종속되어 노역을 하였는데 제련업에 능하였기 때문에 '유연의 제철공'이라는 칭호가 있었습니다. 그 후 돌궐 부락은 나날이 강성해져서 552년에 부족의 추장인 토문은 유연을 격파한 후 돌궐칸국을 세웠습니다. 여기서 우리는 한 가지 알고 지나가면 도움이 될 것이 있습니다. 중앙아시아에서는 그들의 왕을 부르는 칭호가 '칸'이었습니다. 후에 나타난 몽골의 징기스칸도 위대한 칸, 위대한 왕의 의미인 것입니다. 그 후 그들은 555년 동으로 요해, 남으로 사막 이북, 서로 서해, 북으로 북해 즉 지금의 바이칼 호에 이르는 광대한 영토를 차지하여 중앙아시아 초원에 강대한 민족이 되었습니다. 후에 그들은 동돌궐과 서돌궐로 나뉜 후 당나라에 의해 멸망하게 되었습니다.

당시 중국에는 삼국시대 이후 남북조로 나뉘어 있었습니다. 남북조시대는 한족의 남조와 유목민족의 북조가 대립하던 시기입니다. 남조에는 송, 제, 양, 진 등의 나라가 있었고, 북조는 북위, 북제, 북주, 동위, 서위 등의 나라가 있었습니다. 이렇게 여러 나라로 나뉘어 있던 중국에 수나라가 등장하여 589년에 중국을 통일하게 되었습니다. 그러나 '수'제국은 대규모 토목공사와 고구려 원정 실패로 천하통일 29년 만에 멸망하고 말았습니다. 그리고 618년에 당나라가 등장합니다.

수나라를 세운 사람은 양견입니다. 그는 북조를 통일한 북주의 외척으로서 일곱 살짜리 황제를 돕는 섭정으로 권력을 갖다가 황제의 자리를 빼앗아 수왕조를 시작한 것입니다. 그가 황제가 된 후 문황제(문제)로 불렸습니다. 그리고 많은 토목공사와 고구려와의 전쟁 등으로 나라의 멸망의 원인을 제공한 사람으로 우리 역사에도 유명한 수양제는 수나라의 양황제를 일컫는 것입니다. 그는 문제의 아들로 수나라의 2대 황제였으며 중국의 여러 황제들 중에 가장 포악한 황제로 꼽히는 인물입니다. 그는 황제의 자리에 오른 후 그의 아버지와 형을 살해하기도 하였습니다. 그의 고구려 침공은 한국사에서도 유명하여 을지문덕이라는 장군의 이름과 함께 기억되고 있습니다.

수나라는 짧은 기간 존재하였지만 관리등용을 위한 진사과, 즉 후의 과거제를 시작하여 당나라가 그 제도를 사용하고 통일신라와 고려도 과거제를 도입하기에 이릅니다. 이 제도는 20세기 초까지 존속하게 됩니다. 뿐만 아니라 수나라가 만든 관리제도도 후의 당나라와 송나라 등에 영향을 미치면서 역시 과거제와 함께 한반도에 들어오게 된 것입니다. 그리고 이 시대의 중국에는 불교가 급속히 퍼졌으며 도교가 체계를 잡게 되는 때였습니다. 당시의 중심도시였던 난징(남경)은 이미 6세기 초에 인구가 백만 명이 넘는 대도시였습니다.

당시의 한반도는 삼국시대였습니다. 고구려는 427

년에 평양으로 수도를 옮겼고 백제의 수도인 한산을 함락하였습니다. 그런가하면 신라는 504년에 국호를 신라로 정하게 되었습니다. 그 전에는 그 이름이 계림, 사로, 서라벌 등의 이름을 사용하였으며, 왕의 칭호도 거서간, 차차웅, 이사금, 마립간으로 부르다가 왕으로 호칭을 바꾸었습니다. 또한 신라는 527년에 불교를 공인하였고 후에 대가야를 정복하였습니다. 일본은 7세기에 가서 국가로서의 일본이라는 국호가 처음 등장하게 됩니다.

27. 10세기 이전의 동유럽과 기독교

   동유럽이란 유럽대륙의 동부지방을 가리키는 이름
으로서 일반적으로는 폴란드, 체코, 슬로바키아, 헝가
리, 루마니아, 러시아 등과 발칸반도(Balkans)의 불가리아, 알바니아 등을 포함한 여러 나라지역을 말합니다. 동유럽의 주요 민족은 슬라브족(Slav)입니다. 고대 슬라브족은 발트 해 연안에서 드네프르 강 상류지방에 걸쳐 거주해 있다가, A.D.2~6세기에 걸쳐 거주지를 확산시켜나갔습니다. 동슬라브족은 러시아평원 서부에 정착하였고, 서슬라브족은 다시 나뉘어서 폴란드인, 체코인, 슬로바키아인을 형성하였습니다. 남슬라브족은 6~7세기에 다뉴브 강과 드라바 강을 넘어 발칸반도로 진출하였고 슬로베니아인이 동알프스 골짜기, 크로아티아인이 일리리아지방 북서부, 세르비아인이 같은 지방 남부에서 다시 남쪽에 걸쳐 정착하였습니다.

슬라브족이 이주하기까지의 발칸반도에는 그리스인, 트라키아인, 일리리아인이 거주하고 있었습니다. 그중 트라키아인계의 다키아인은 B.C. 1세기에 현재의 루마니아지방에 국가를 건설하고, A.D. 2세기 초에 로마제국에 정복되어 라틴계 언어를 받아들였으나, 3세기에 고트족이 침입하여 로마제국이 이 땅에서 철수할 때 사방으로 흩어져 버렸습니다. 일리리아인의 일부는 남

슬라브족이 남하해 왔을 때 달마티아 남부의 산지로 도망가서 알바니아인의 근간을 형성하였다고 합니다. 또 남러시아 방면에서 남하한 불가르족은 7세기 후반 현재의 불가리아 지방에 정착하였습니다. 그들은 그 뒤 1세기 남짓 농경에 종사하는 슬라브족을 지배하여 국가를 구축하였는데, 그 과정에서 슬라브계 언어와 문화에 동화되어 갔습니다. 또한 돈강 유역에 있던 우랄알타이족 계통의 마자르인이 점차 서쪽으로 진출해서 10세기에는 판노니아 지방에 정착하였습니다.

마자르(Mazar)인은 헝가리인으로도 불리는데 동유럽 국가인 헝가리의 주민의 96퍼센트가 마자르인이기 때문입니다. 터키인들이 중앙아시아의 돌궐족의 후예임을 자랑스럽게 생각하듯이 마자르인들은 스스로 훈족(Huns)의 후예로 생각하며 자랑스럽게 생각합니다. 우리가 앞서 배운 것처럼 훈족은 중앙아시아에서 시작하여 큰 제국을 세웠던 민족으로서 흉노족과 같은 족으로 이해하고 있습니다. 뿐만 아니라 불가리아의 인구 85퍼센트를 구성하고 있는 불가르족은 그 뿌리가 분명치 않으나 몽골계일 것이라는 주장도 있습니다.

위의 경로를 거쳐 동유럽 여러 민족은 거의 현재의 땅에 정착하였는데, 이 시기의 중요한 사태는 그들 여러 민족들이 동과 서로 분열된 기독교회의 어느 쪽이든지 받아들였다는 점입니다. 9세기에 비잔틴제국이 선교를 위하여 모라비아왕국에 키릴(Cyril)이라는 이름으로 많이 알려진 콘스탄티노스와 메토디우스(Methodius) 형제를 파송하였습니다. 그들은 그리스문자를 바탕으로 키릴문자(Cyrillic alphabet)를 고안해서 선교하였습니다. 그 때문에 불가리아인, 러시아인, 세르비아인 등이 콘스탄티노플 중심의 동방정교회의 권위를 받아들였던 것입니다. 이에 비해 폴란드인, 체코인, 헝가리인은 10세기 후반 로마가톨릭교회로부터 기독교를 받아들였고, 크로아티아인과 슬로베니아인도 이것을 따랐습니다. 그러나 비잔틴제국이 무너지고 오스만 터키가 등장하여 발칸반도를 지배하면서 발칸반도의 일부는 이슬람이 자리 잡게 되었습니다. 이슬람의 문제는 차후에 다루게 될 것입니다.

28. 7세기 이전의 이베리아 반도

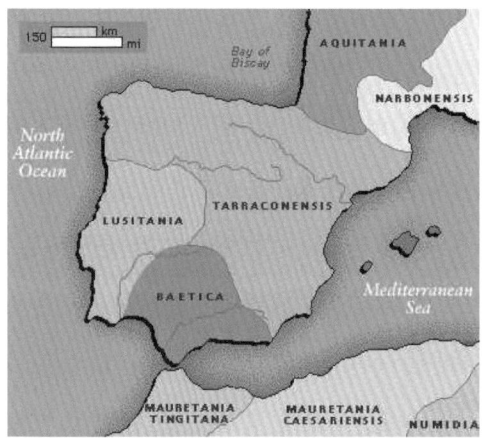

로마제국시대의 이베리아반도

유럽역사에서 고대와 중세를 나누는 기점은 일반적
으로 서로마제국이 멸망한 395년을 기준으로 합니다.
서로마제국의 멸망은 유럽과 지중해 지역에 큰 변화를
가져오는 계기가 되었습니다. 고대사에서 늘 변방에 머
물며 관심지역에서 벗어나 있는 여러 지역 중에 한 곳이 이베리아 반도입니다. 현재의 스페인과 포르투갈이 있는 그곳은 그러나 고대사에서 빼놓을 수 없는 곳이기도 합니다.

성경 요나서에서 요나가 욥바에서 다시스로 가는 배를 탔던 기록이 있습니다. 욥바는 지금의 이스라엘의 텔아비브지역이며, 그 목적지인 다시스는 스페인이 있는 이베리아 반도의 한 항구도시로 알려져 있습니다. 요나가 살던 시기는 북 이스라엘의 여로보암 2세가 활동하던 시기였으며 앗수르가 강성하던 때로서 B.C. 8세기였습니다. 그 당시 이미 페니키아인들에 의해 이베리아반도에 도시가 세워졌던 것입니다. B.C. 1000년에 들어서면서 그곳에 타르테소스족이 융성하면서 스페인은 역사시대에 접어들었다고 할 수 있습니다. 그들은 고유문자 체계와 뛰어난 청동문화를 가지고 있었습니다. B.C. 900년경부터 페레네 산맥 이북의 켈트족이 그 반도에 몰려들어왔으며, 기존의 이베리아인과 혼혈하여 갈색 피부와 흑색 머리칼이 특징인 켈트이베리아족이 형성되었고 그들이 스페인인이 되었습니다. 한편 루시타니아인이라 불리는 켈트족은 이 같은 통혼을 전혀 하지 않고 포르투갈인이 되게 됩니다. 포르투갈인들은 B.C. 140년경 로마제국에게 정복당했습니다.

로마제국이 이베리아에 들어오기 전에 이곳은 북아프리카의 카르타고의 지배를 받고 있었습니다. 한니발 장군으로 유명한 카르타고와 로마와의 두 차례의 포에니전쟁에서 로마가 승리하면서 이베리아반도는 로마의 속주가 되었습니다. 그것이 B.C. 3세기입니다. 그 후 B.C. 1세기에 역사에 유명한 율리우스 카이사르(줄어스 시이저)가 이곳의 독재관(dictator)이 되어서 새로운 식민정책을 시작하였습니다. 그는 이탈리아반도의 사람들을 이곳으로 이주시켰고 원주민들에게도 로마의 시민권을 주어서 로마에 동화되게 하였습니다.

그러나 로마 제국이 기울기 시작하자 게르만 민족인 수에비인이 이베리아 반도의 많은 지역을 침략했습니다. 469년 동로마는 이들을 진압하기 위해 서고트족을 보냈고, 수에비 군주국은 몰락하고 말았습니다. 기독교 신앙을 갖고 있던 서고트족은 약 100년 후에 어느 정도

자치권을 되찾았으나 711년 이슬람교도의 침공으로 포르투갈의 북부지역을 제외한 모든 지역을 빼앗기고 말았습니다. 율리우스 카이사르의 뒤를 이어서 로마의 지배자가 되어 첫 황제가 된 아우구스투스(한글성경에서는 가이사 아구스도)의 통치 때에 이베리아반도의 남은 부분인 북서부지역까지 정복하였습니다.

그러나 3, 4세기에는 문화의 주도권을 잃고 서로마제국의 멸망 후 409년 반달족의 침입과 함께 스페인은 오랜 분열과 혼란의 시기에 돌입했습니다. 반달족과 그 동맹자 수에비족과 알라니족은 선주민을 압도할 만큼 그 수가 많지 않았으며 그 중 반달족은 429년에 북아프리카로 이동했습니다. 469년 동로마는 이들을 진압하기 위해 서고트족을 이베리아반도에 보냈고, 수에비 군주국은 몰락하고 말았습니다. 서고트 족은 약 100년 후에 어느 정도 자치권을 되찾았으나 711년 이슬람교도의 침공으로 그들은 북부지역을 제외한 모든 지역을 빼앗기고 말았습니다.

29. 이슬람의 시작과 세계

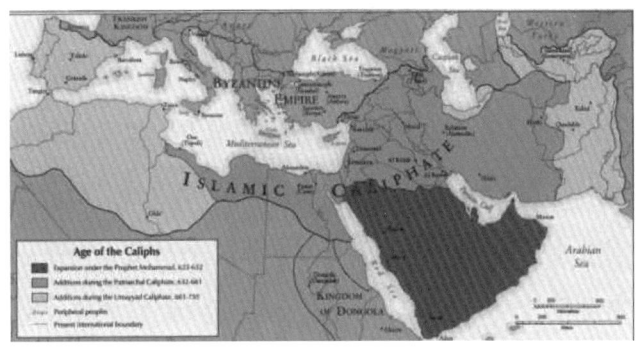

    중세에 시작된 이슬람운동은 기독교 지역을 크게 위협하게 되었습니다. 이슬람운동은 무하마드에 의해 시작되었습니다. 무하마드는 지금의 사우디아라비아가 위치한 아라비아지역 출신으로서 유대교와 기독교, 그리고 조로아스터교의 큰 영향을 받고 그 교리들을 종합하여 이슬람교를 만들었습니다.

'신의 뜻에 순복'이라는 의미를 가진 이슬람은 622년에 아라비아에서 시작되어 급속히 팽창하였습니다. 무력을 앞세운 그 세력은 페르시아를 630년에, 예루살렘을 638년에, 그리고 이집트의 알렉산드리아를 642년에 정복하였습니다. 북아프리카로 그 세력을 확장한 그들은 카르타고를 697년에 정복하며 북아프리카를 모두 점령한 후 현재 스페인이 위치한 유럽의 이베리아반도의 대부분을 715년에 점령하였습니다.

　무슬림들이 점령한 대부분의 지역은 기독교가 이미 수백 년간 전파되어진 곳이었습니다. 그들은 이슬람을 믿는 이들을 무슬림(muslim)이라고 부릅니다. 그런가하면 유럽에서는 이들을 사라센(saracen)이라고 불렀습니다. 그것은 '사막의 아들'이라는 의미를 가지고 있는 라틴어 사라세니(saraceni)에서 나온 말로서 시리아 지역부터 아라비아 지역에 있던 유목민들을 지칭하던 말입니다. 그리고 종교지도자를 칼리프(khalifa)라고 부르는데 그것은 아랍어로서 '뒤따르는 자' 즉 무하마드의 후계자라는 의미를 갖고 있습니다. 종교와 정치가 통합된 구조에서 처음에는 칼리프는 종교와 정치의 지도자였습니다. 또한 그들은 세습군주인 왕이나 황제를 아라비아어로 '권위'와 '권력'이라는 뜻을 가진 술탄(sultan)이라는 호칭을 사용합니다. 즉 칼리프는 종교적 권위가 강조된 것이라면 술탄은 세속적 권위를 의미한 것입니다. 유럽에서는 이 이슬람운동에 의해 세워진 큰 제국을 사라센 제국이라고 불렀습니다.

7세기 중엽 마호메트의 후계자들이 아시아, 유럽, 그리고 아프리카에 걸친 대제국을 건설하였습니다. 그 초기를 우마이야왕조(Umayyads)라고 합니다. 우마이야부족 출신인 무아위야(Umayyaibn Abd Shams)가 칼리프가 되면서 그들에 의해 통치되던 왕조입니다. 그 왕조의 지배영토는 서쪽으로는 북아프리카와 이베리아반도(스페인)까지, 동쪽으로는 페르시아 지역을 넘어 인도의 인더스강까지 확장되었습니다. 그 후 압바스왕조(Abbasids), 터키계 셀주크왕조(Seljuk)와 오스만제국(Ottoman)까지 이어졌습니다. 이들을 중세 유럽에서 사라센이라 불렀지만 중국 당나라에서는 압바스왕조의 사라센을 대식국이

라고 했습니다. 이슬람의 사라센제국에 의해 비잔틴제
국이 지배하던 팔레스틴 지역과 북아프리카를 정복하던
시절에 중국에서는 수나라가 망하고 당나라가 시작되던
때였습니다. 그리고 한반도에서는 삼국시대로서 고구려
의 연개소문이 등장하고 신라에 의해 삼국통일이 이루
어지던 때였습니다.

압바스왕조 때에는 많은 아라비아의 상인들이 중국
과 무역을 하였으며 따라서 당나라에 많은 아라비아 상
인들이 거주하기도 하였습니다. 760년에 중국의 광저우
에 내란이 있었을 당시에 그곳에 거주하던 수천 명의 이
슬람 상인들이 살해되었다는 기록이 있습니다. 그들은
통일신라와도 무역이 있어서 아부 자이드(Abu Zeid)가 쓴
〈시나 인도 이야기〉(The Story of China and India)에는 실
라(Sila)로 한반도를 소개하였습니다. 후에 그들은 고려
와 무역을 하며 고려를 세계에 소개하여 지금의 코리아
(Korea)라는 이름이 생겨난 출발점이 되었습니다. 아라
비안나이트에 나타난 신밧드의 모험은 그 시대의 산물
인 것입니다. 또한 실크로드(육로를 통한 중국과의 교역로)도

그들이 개척한 길입니다. 몽골이 중국을 지배하고 원나라가 세워졌을 때 원나라는 외국인인 색목인들을 중용하였는데 그들 중에 상당수가 아라비아인들이었습니다.

30. 7~8세기 유럽의 수도원 운동

9세기 기독교와 이슬람

    수도원 운동은 초기 중세 유럽 문명에서 중요한 역할을 하였습니다. 시리아와 이집트의 사막에서 출발한 엄격한 수도원 운동은 갈리아(Gallia)로 전파되었습니다. 갈리아란 현재의 프랑스, 벨기에, 스위스 서부, 그리고 라인 강 서쪽의 독일을 포함하는 지역의 로마시대의 지명입니다. 갈리아의 주민은 북쪽에서 이동하여 온 켈트족이었으며 켈트(Celts)족이 사는 땅이라는 의미에서 라틴어로 갈리아가 생겨난 것입니다.

갈리아에 전파되었던 수도원은 다시 잉글랜드와 아일랜드로 건너갔습니다. 6세기와 7세기에 걸쳐, 이 두 섬에서는 믿을 수 없을 만큼의 선교 활동과 수도원 운동이 전개되었습니다. 그리고 초기에 대륙에서 섬나라로 들어갔던 기독교가 이제는 다시 섬에서 대륙으로 퍼지게 되었습니다. 그 대표적인 인물은 보니페이스(Boniface)입니다. 그는 지금의 잉글랜드의 Devon, 즉 당시 웨섹스 왕국(the kingdom of Wessex)에서 태어난 수도사로서 지금의 독일 지역에 선교를 하여 큰 영향을 미친 인물입니다. 그의 별명이 '게르만의 사도'(the Apostle of Germans)였으니, 그의 활동 무대와 영향력을 짐작할 수 있을 것입니다. 그리고 그는 또한 프랑크 왕국의 새로운 왕조인 카롤링거 왕조(Carolingian Empire)의 첫 번째 왕 피핀(king Pepin)에게 세례식을 한 장본인입니다.

보니페이스 및 아일랜드와 잉글랜드 출신의 수도사들은 농민 대중을 대량 개종시켜 유럽을 기독교 대륙으로 만들었습니다. 그 결과 대부분의 게르만족이 최초로 기독교 세계에 편입되었습니다. 또한 대륙의 기독교 수도원들은 대부분 보니페이스의 영향을 받아 베네딕트 수도원(the Order of Saint Benedict)의 계율을 받아들였습니다. 베네딕트 수도원은 이탈리아 중부의 누르시아(Nursia)에서 480년경에 태어난 서방 교회에 수도원 제도를 만든 인물로 알려진 베네딕투스(Benedictus)가 몬테카지노에 수도원을 만들면서 시작된 수도원 운동입니다.

　　이렇게 7세기와 8세기에 아일랜드와 잉글랜드로부터 대륙으로 파송된 수도사들의 선교는 큰 성공을 거두었을 뿐만 아니라 그들이 보존한 여러 고전 문화들이 대륙으로 역수출되는 일까지 발생했습니다. 과거에 대륙으로부터 복음을 전달받았고 발전된 로마의 문화를 받아들였던 아일랜드와 잉글랜드가 역으로 그것들을 대륙으로 수출하게 된 것입니다. 그 대표적인 예가 라틴어(Latin)입니다. 라틴어는 이탈리아 반도의 중부에 위치한 고대 로마와 그 주변 지역인 라티움(Latium)에 정착하여 살던 라틴부족이 사용하던 언어입니다. 이 라틴어는 이탈리아어, 프랑스어, 스페인어, 포르투갈어, 그리고 루마니아어 등의 생성과 발달에 결정적인 영향을 미친 고대 언어입니다. 7~8세기 당시 대륙의 라틴어들은 지방 속어들과 융합되면서 본래의 모습을 잃어가고 있었는데, 이들 수도사들에 의해 라틴어가 다시 회복되었던 것입니다.

이 시기에 아라비아에서 시작된 이슬람 운동은 무력을 동반한 하나의 제국을 형성하면서 동으로는 지금의 파키스탄과 아프가니스탄, 그리고 이란이 위치한 곳에 있던 사산조 페르시아를 멸망시키고, 비잔틴제국의 일부 영토들을 빼앗았습니다. 그리고 지중해에 접한 북아프리카를 모두 점령하고 바다 건너 유럽의 현재의 스페인이 있는 이베리아반도까지 차지하고 유럽대륙을 위협하고 있었습니다. 그런가하면 헬라반도와 소아시아 반도를 중심으로 남아있던 동로마 혹은 비잔틴제국은 그 힘을 잃어가고 있었습니다. 7세기의 한반도에서는 백제와 고구려가 신라와 당나라의 연합군에 의해 망하였고, 고구려의 후예를 자청하며 발해가 세워졌습니다. 그리고 일본이라는 국호가 처음으로 사용된 시기도 7세기 후반으로 추정됩니다. 영어의 Japan은 중국의 당나라가 지폰(Jippon)이라고 발음하던 것을 마르코 폴로가 그의 동방견문록에 일본을 지팡구(Jipagu)라고 표현한데서 유래한 것이라고 합니다.

31. 이슬람 운동이 끼친 문화적 영향

아랍인의 범선 다우(Dhows)

아라비아 반도에서 시작된 이슬람교는 무력을 동반
한 정복전쟁으로 세계의 지도를 바꾸었습니다. 이미 앞
서 언급하였듯이 그들은 많은 나라를 정복하여 큰 종교
적 제국을 형성하였습니다. 과거에 유럽에서 시작된 헬

라제국과 로마제국의 언어와 문화가 그들이 지배하였던 아시아와 아프리카까지 큰 영향을 미친 것처럼 아라비아에서 시작된 이슬람제국도 아라비아의 문화를 식민지에 이식하였으며 세계사에 그 흔적들을 남겨두고 있습니다. 그런가하면 동시에 그들이 지배한 곳의 기존의 문화의 영향을 받기도 하였습니다. 이렇듯 큰 제국의 출현은 많은 문화적인 교류를 만들어냅니다.

이슬람의 출현 이전에는 유럽과 지중해 지역은 헬라와 로마의 문화적인 영향과 기독교의 큰 영향권에 있었습니다. 로마제국은 곳곳에 대중이 함께 사용하는 대중목욕탕을 지었습니다. 필자가 여행하였던 로마제국시대의 유적지마다 목욕시설들을 볼 수 있었습니다. 이스라엘의 사막 한 가운데 있는 마사다의 헤롯 별장에도 증기탕 시설을 볼 수 있었고, 터키의 에베소 도시 유적 등 곳곳에 그 흔적들이 남아있었습니다. 그 중에도 이탈리아의 로마에 남아있는 것은 3세기에 지어진 목욕탕으로서 1,600명이나 수용할 수 있는 크고도 고급스런 시설이었습니다. 이런 공중목욕탕 문화가 이슬람 사회에도 들어와서 그들은 아라비아어로 '함맘'이라고 불렀습니다. 이슬람제국의 도시마다 '함맘'이 세워졌고 후에 유럽인들은 그것을 터키인들의 목욕탕이라는 의미로 터키탕이라고도 불렀습니다.

이렇게 이슬람제국이 로마제국의 영향을 받았다면, 그들의 아라비아어는 그들 제국의 언어로 세계어가 되었고 다른 언어에 많은 영향을 주었습니다. 동아프리카의 해안지방의 국가들인 탄자니아와 케냐 등에서 공용어로 사용되는 스와힐리어가 있습니다. '스와힐리'라는 말은 '해안'이라는 의미의 아라비아에서 유래한 것입니다. 즉 스와힐리어는 아라비아어와 현지의 언어가 섞이면서 생겨난 언어로서 아라비아인들의 활발한 교류가 만들어낸 산물입니다. 그런가하면 영어 속에도 수많은 아라비아어가 들어와 있습니다. 예를 들면 check, magazine, caravan, sofa, sugar, coffee 등 수없이 많습니다. 그 외에도 alcohol, chemistry 등과 같이 단어의 어원이 아라비아어인 것이 많습니다. 이슬람교의 확장과 함께 그들이 사용하는 코란의 언어인 아라비아문자는 여러 나라에 알려지고 사용되게 되었습니다. 페르시아어나 말레이어 등에서도 아라비아 문자를 사용하게 되었습니다. 뿐만 아니라 세계가 공용으로 사용하는 아라비아 숫자와 십진법 등도 역시 아라비아에서 유래한 것입니다.

유럽의 이베리아반도를 지배하던 이슬람제국은 유럽에 영향을 미쳤습니다. 11세기 이후 유럽의 세계는 십자군운동과, 이베리아반도에서 기독교인들에 의해 일어난 국토회복운동 등은 이슬람제국과의 전쟁을 하게 하였습니다. 그런 가운데 이슬람 문명에 대해 알게 되었고 영향을 받게 되었습니다. 이슬람교는 그들이 정복한 기독교 지역마다 교회를 그들의 예배 처소인 모스크로 개조하거나 신축하며 그들의 건축양식도 전파하였습니다. 서부 아프리카에 있던 가나왕국이 아랍상인들과 많은 교류를 가졌으며, 8세기경에는 아랍인들이 그 왕국을 정복하고 이슬람 국가로 만들었던 역사가 있습니다. 이슬람 상인들이 '다우'라는 범선을 만들게 되면서 해양무역이 활발하게 되었고 그들이 가는 곳마다 이슬람교를 전하며 아랍의 문화를 옮기게 되었습니다. 그들은 바다 길을 통해서 인도, 동남아시아, 그리고 중국과 교류를 가졌고, 실크로드를 통해 중앙아시아를 거쳐 중국과의 무역을 가졌습니다. 그런 가운데 중앙아시아와 중국까지 그들의 문화와 종교를 이식하게 되었던 것입니다.

32. 북유럽과 기독교(8세기~11세기)

북유럽 지도

　북유럽은 일반적으로 핀란드, 스웨덴, 그리고 노르
웨이가 있는 스칸디나비아반도와 덴마크가 있는 지역을
의미합니다. 그곳은 다른 유럽의 국가들과 달리 10세기에 들어서서야 비로소 왕국이 등장할 정도로 발전이 늦었던 곳입니다. 그들이 살던 지역은 추운 일기와 농경지가 적은 산악지대였습니다. 따라서 그곳의 사람들은 자연히 따뜻한 기후와 농경지를 찾아 이동하게 되었습니다. 그리고 그들의 열악한 환경이 그들로 하여금 다른 지역을 약탈하는 자들이 되게 하였습니다. 그들을 바이킹(Viking)이라고 부릅니다. 그들은 수백 명에서 천명을 넘지 않는 규모의 원정대를 구성하였습니다.

노르웨이의 바이킹은 바다를 항해하여 가까운 아일랜드와 스코틀랜드뿐만 아니라 멀리는 아이슬랜드와 그린랜드까지 찾아갔습니다. 그런가하면 이웃의 스웨덴의 바이킹은 러시아 내륙의 육로를 통해 비잔틴제국과 오리엔트지역으로 진출했습니다. 그들은 농경지 확보보다는 상업적 목적을 갖고 있었으며, 노예무역을 중시하였습니다. 그것은 당시 노예가 큰 상품이었기 때문이었습니다. 이렇게 러시아지역에 침입한 스웨덴의 바이킹에 의해 '러시아'라는 이름이 등장하게 됩니다. 그것은 스웨덴 바이킹 중 Rus라는 부족에서 그 이름이 생겨나게 된 것입니다. 즉 지명의 끝에 붙는-ia라는 어미는 땅의 의미를 가지므로, Russia 라는 말은 Rus 족의 땅이라는 의미가 되는 것입니다. 덴마크의 바이킹은 잉글랜드와 프랑스 땅의 노르망디를 정복하게 되는데 그곳에 식민지를 건설하고 주민을 이주시켜 정착시키는 일을 하였습니다. 이들 바이킹들은 멀리는 지중해까지 항해를 하였습니다.

덴마크의 바이킹들은 오랫동안 영국을 침입하고 약탈하였습니다. 11세기 초에는 영국을 대규모로 침입하였고 결국 덴마크의 왕 카누트가 덴마크의 왕과 영국의 왕을 겸하게 되었습니다. 그 후에도 다시 노르망디의 통치자인 윌리엄이 영국의 왕위에 오르게 되어 북유럽과 바이킹의 후예들이 영국을 다스렸습니다. 노르망디는 지금의 프랑스 영토로서 바이킹들이 정착한 땅이었습니다. 그 당시 중부 유럽의 통일국가였던 프랑크왕국은 이 기간에 셋으로 나뉘었습니다. 동프랑크와 중프랑크, 그리고 서프랑크가 그것인데 동프랑크는 지금의 독일로 발전하게 되었고, 서프랑크는 지금의 프랑스로 발전하게 되었습니다. 그리고 중프랑크였던 이탈리아반도는 소멸하여 통일 체제를 한동안 갖지 못하였습니다. 같은 시기에 스페인이 위치한 이베리아반도의 남부는 이슬람의 지배권에 있었습니다. 그 이베리아반도의 이슬람 세력을 몰아내기 위해 8세기에 기독교인들에 의해 이베리아 재정복운동이라는 것이 시작되어 기독교 세력과 이슬람세력의 전쟁이 일어나게 되었습니다. 이것이 1차 십자군 운동입니다. 그러나 이베리아반도에서 완전히 이슬람 세력을 축출한 것은 15세가 되어서야 이루어지게 됩니다.

다른 지역에 비해 정치 조직이나 문화적으로 매우 뒤져 있었던 이들 지역에 이 시기에 기독교가 소개되면서 그들은 통일된 왕국을 세우게 되었고 선진 문화를 받아들이게 되었습니다. 그리고 전통신앙을 버리고 보편적으로 기독교가 그들의 신앙으로 자리를 잡게 되었습니다. 프랑스 왕이 9세기에 선교사를 스칸디나비아에 보낸 적이 있었지만 이렇다 할 성과를 얻지 못했습니다. 그러나 독일에서 파송한 영국 출신의 선교사들의 활동은 많은 성과가 있었으며, 스칸디나비아의 왕들은 그들을 후원하였습니다. 그리고 지역의 곳곳에 교회와 수도원이 세워지게 되었습니다. 이렇게 기독교가 유럽 땅에 소개된 후 약 천년의 세월이 흐른 후에 북유럽 지역에 기독교의 복음이 전해진 것입니다.

33. 기독교의 1차 분열

수도원운동으로 서로마 교회는 수많은 이교도들이 개종하였으며, 그 중에 지금의 프랑스지역인 갈리아에 자리를 잡은 부족인 프랑크족은 통치상의 필요로 서로 마와 가까워지고 있었습니다. 과거에 로마의 지배를 받

앉던 라틴 화 된 갈리아를 지배하는데 서로마 교회의 협력은 절대적으로 필요했습니다. 그 프랑크족은 롬바르드족의 침략으로부터 서로마 교회를 지켜주며 그 관계를 긴밀하게 하였습니다. 롬바르드(Lombard) 족은 원래 도나우(Donau) 강 연안에 살던 게르만족의 일파로서 568년에 이탈리아반도를 침공하여 왕국을 세운 부족입니다. 당시 이탈리아반도는 동로마, 즉 비잔틴제국의 영토였습니다. 그들 롬바르드족이 세운 왕국은 774년 프랑크족에게 정복될 때까지 이탈리아를 지배했습니다.

8세기 초 이슬람의 침략을 물리친 비잔틴제국의 황제 레오 3세(Leo III)는 심각한 문제에 처했습니다. 하나는 성상숭배였고, 다른 하나는 대토지 소유에 의한 조세수입의 격감이었습니다. 새로 개종한 이교도 지역일수록 우상숭배는 심했습니다. 여기서 '성상'이라 함은 성인들을 그린 그림, 조각, 모자이크 등을 총칭하는 것입니다. 그것들은 문맹인 야만족들을 개종하는 데에 제법 짤짤한 효과가 있었지만, 기독교 자체보다는 오히려 그 우상들을 숭배하는 경향이 심해지고 있던 것입니다. 우상

숭배에 부정적인 시각을 갖고 있던 신앙심 깊었던 황제 레오 3세는 이런 폐단을 제거하고자 하였습니다. 다른 문제는 소토지 보유 자유농의 몰락과 대토지 소유자의 증대였습니다. 당시 면세특권을 가진 수도원과 교회가 많은 토지를 소유하게 되어 세수입에 영향을 미치게 되었습니다. 이런 환경에서 토지 개혁이 이뤄지면 소규모 자영농이 증대하고 조세 수입도 증대될 것으로 기대한 레오 3세는 토지 개혁을 달성하고자 했습니다.

이런저런 이유와 목적으로 726년에 첫 성상파괴령이 내려졌습니다. 이 파괴령은 로마와 콘스탄티노플을 결정적으로 갈라놓았습니다. 이전까지는 교리상의 논쟁에도 불구하고 로마 교황들은 비잔틴 황제의 충성스런 신하로 자처했으며, 황제를 자신들의 군주로서 존경과 예의를 갖추었습니다.

그러나 교황 그레고리우스 2세(Gregorius II)는 레오 3세의 성상파괴령을 거부하였고, 황제는 교황을 체포하기 위해 군대를 보냈으나 롬바르드 군에 의해 격퇴되었습니다. 분노한 레오 3세는 남이탈리아와 지금의 발칸반도인 일리리쿰(Illiricum)에서의 교황의 권리를 모두 몰수하여 콘스탄티노플 대주교에게 넘겨주었습니다.

그 후 이탈리아의 지배자였던 롬바르디왕국에게 지배를 받는 것을 원치 않았던 교황 자카리아스(Zacharias)가 프랑크왕국의 피핀(Pippin)에게 도움을 청했습니다. 결국 피핀의 군대가 이탈리아의 중부와 도시 라벤나를 차지하였고, 그 중 라벤나를 교황에게 주었습니다. 그 중의 일부가 지금의 바티칸이 되었습니다.

그 후 774년에 롬바르디왕국은 프랑크왕국에 의해 망하였고, 이로써 서로마 교회는 프랑크왕국과 밀접하게 결합되었으며 비잔틴제국으로부터 완전히 독립하게 되었습니다. 이렇게 하여 로마가톨릭과 동방정교회로 기독교 세계는 1차 대분열을 하게 되는 것입니다. 로마를 중심으로 하는 서방교회와 콘스탄티노플 중심의 동방교회의 분열은 신학적인 논쟁도 있었으나, 정치적인 부분이 분열의 또 다른 원인이 되었던 것입니다.

34. 10세기 전후의 동남아시아

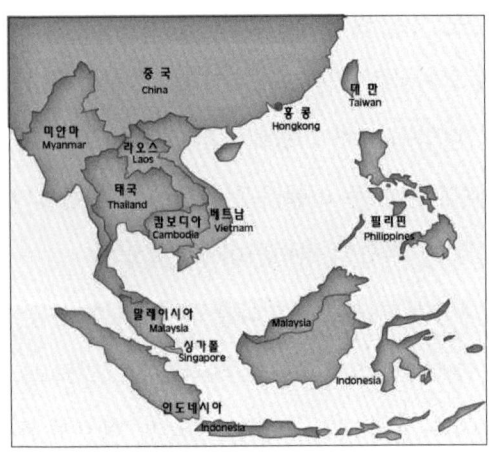

    기독교가 지중해를 중심으로 확장되었고, 이슬람 세
력의 확장과 1차 십자군 운동, 그리고 기독교의 동서분
열 등이 진행되던 때의 세계사 이야기는 주로 지중해를
중심으로 기록된 것입니다. 본과에서는 그 당시의 동남
아시아를 생각하고자 합니다.

동남아시아는 세계사에서 별로 중요하게 다루어지지 않는 부분이었습니다. 아시아에서 중국과 인도가 세계사에 많이 소개되어졌다면 중앙아시아 지역과 동남아시아 지역은 언제나 변방의 역사로 취급되었습니다. 그러나 세계인들에게 주목받지 못한 그곳에는 실제로 긴 역사와 찬란한 문화가 존재하였습니다.

동남아시아라는 이름은 유럽인들의 입장에서 동남쪽에 위치하였다고 하여 붙여진 이름입니다. 그곳에는 현재 11개의 국가가 존재합니다. 과거의 이름이 버마인 미얀마, 라오스, 캄보디아, 말레이시아, 싱가포르, 브루나이, 동티모르, 인도네시아, 필리핀, 베트남, 그리고 타이가 바로 그 나라들입니다.

미얀마는 이미 9세기경에 바간(Bagan)왕조의 제국이 세워져 있었습니다. 미얀마 제국은 풍요로웠으며, 서쪽으로는 아삼(Assam)과 마니푸르(Manipur), 동쪽으로는 캄보디아에 이르는 영토를 가지고 있었습니다. 미얀마 왕들은 전통적으로 자신과 자신의 나라가 우주의 중심이라고 생각했으며 절대적 권력을 행사했습니다. 이러한 생각 때문에 외부세계에 대한 지식이나 경험이 부족했고 이는 영국의 침략을 받아 왕조가 무너지는 결과로 이어졌습니다. 후에 제1미얀마 제국이 세워진 것은 그로부터 2세기가 지난 후인 11세기 아나라타(Anawrahta) 왕의 통치 아래에서였습니다. 그의 치하에서 남부에 있던 몽족이 정복됐고, 샨 고원과 라킨(Rakhine) 및 타닌싸이(Taninthayi)를 제외한 국토의 대부분이 통일됐습니다. 그는 또한 국민들에게 불교를 소개했습니다. 하지만 1287년 왕국이 몽고인들에게 복속되자 제1제국은 작은 국가들로 와해됐습니다.

인도의 섬들이라는 의미의 이름을 가진 인도네시아는 7세기경에 수마트라 남부지역을 지배하던 힌두교왕조인 말라유 왕국과 수마트라와 자바, 그리고 말레이반도를 지배하던 불교왕조인 스리위자야 왕국이 존재하였습니다. 현재 절대다수를 차지하는 이슬람은 15세기에 전해지게 됩니다. 13세기에는 동남아시아 지역에 거대한 해상제국을 건설하기도 하였습니다.

앙코르문명으로 유명한 캄보디아의 Kampuchea,

Cambodia, Khmer, Angkor, Cambodge 등은 모두 크메르 민족을 뜻하는 말입니다. 앙코르(Angkor) 또는 캄푸치아(Kampuchea)는 9세기에서 15세기 사이에 매우 번성하였던 국가였습니다. Viet 부족의 나라인 베트남은 월남, 혹은 안남으로 불렸습니다. 한국인들이 안남미라고 부르는 쌀의 이름이 여기에서 유래한 것입니다. B.C.2세기부터 A.D.10세기까지 오랜 기간 중국의 지배를 받아서 중국으로부터 큰 영향을 받았던 베트남은 중국의 당나라의 멸망과 함께 10세기 독립하여 왕국을 세우고 15세기에 중국의 명나라에게 망할 때까지 독립된 왕국을 유지하였습니다. 그 외의 나라들은 10세기를 전후한 때에는 독립된 왕국을 세우지 못하였습니다.

참고로 이웃의 중국과 한반도, 그리고 일본의 당시 상황을 언급한다면 다음과 같습니다. 10세기 초반의 중국은 당나라의 멸망과 함께 혼란을 겪는 시기였으며, 그 혼란 가운데 요나라와 송나라가 등장하였습니다. 이 시기의 일본은 헤이안시대였으며, 한반도는 삼국시대가 끝나고 고려시대가 시작되었습니다.

35. 13세기의 중앙아시아와 세계

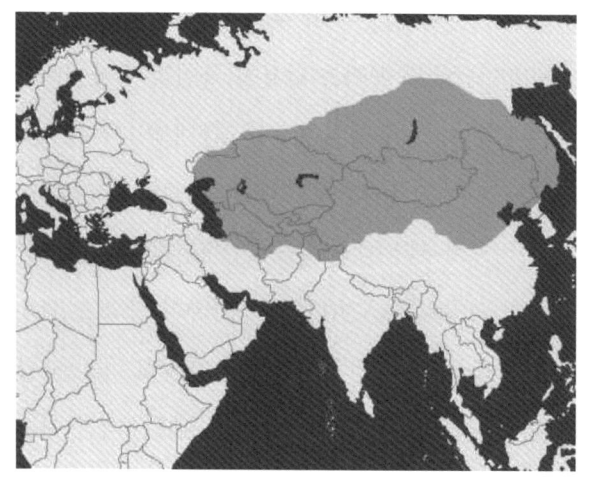

몽골제국의 영토

고대로부터 중앙아시아의 초원에는 흉노, 돌궐 등 여러 유력한 유목민족들이 나타났다 사라졌습니다. B.C. 3세기에 몽골은 흉노족이 세운 제국의 중심지가 되었습니다. 4~10세기까지는 오르혼 돌궐족이 몽골에서 가장 중요한 민족이었습니다. 745~840년에 동투르키스탄의

위구르족이 몽골 북부지역에 제국을 세웠지만 이 제국
은 키르기스족의 침입으로 멸망했습니다.

13세기에 징기스 칸(Genghis Khan)이 몽골 부족을 통
일하고 타타르족을 무찌른 뒤, 중앙아시아와 페르시아
만 연안지역 및 카프카스 남부를 차례로 정복했습니다.
몽골에서 칸이라는 말은 통치자, 황제의 지위를 말하는
것이며, 징기스라는 말은 '위대한'이라는 의미로 징기스
칸이라는 이름은 위대한 황제라는 의미인 것입니다. 본
래 그의 이름은 테무진(Temujin)입니다. 그리고 1234년
징기스 칸의 후계자인 오고타이는 중국의 금나라를 정
복했습니다. 그 후 중국에 원나라를 세운 사람은 징기스
칸의 손자인 쿠빌라이 칸입니다. 징기스 칸과 그의 후예
들에 의해 진행된 정복전쟁은 아시아와 유럽을 연결하
는 제국을 세우면서 세계사에 큰 영향을 미치게 됩니다.

7세기부터 9세기 초까지의 중국의 왕조는 당나라였
습니다. 당나라의 시대에는 불교와 함께 기독교의 한 일
파였던 네스토리우스파가 경교라는 이름으로 꽃을 피웠
습니다. 그 후 요나라와 송나라가 세워졌지만 몽골에 의

해 지배를 받게 된 당시의 중국의 북부는 금나라였습니다. 만주지역에 살던 여진족들에 의해 세워진 금나라는 요나라를 멸망시키고 중국의 북부에 제국을 세웠습니다. 그리고 같은 시기에 중국의 남부에는 송나라가 존재하였습니다. 그러나 그들은 결국 몽골의 침입으로 멸망하게 됩니다.

유럽으로 가는 길목인 중앙아시아를 완전히 장악한 바투가 이끄는 몽골군은 가는 곳마다 일방적인 압승으로 러시아, 헝가리, 독일, 세르비아, 불가리아, 체코, 오스트리아를 정복하였습니다. 몽골인들이 가는 곳마다 잔인함과 함께 도시를 철저히 파괴하였으므로, 유럽인들은 이 침입자들에게 타르타로스(Tartaros)라는 이름을 붙여주었습니다. 그 말의 의미는 '지옥으로부터 온'이라는 의미를 갖고 있습니다. 얼마나 유럽인들이 몽골의 침입자들을 무섭게 느꼈는가를 보여주는 예입니다. 몽골의 군대가 유럽을 완전히 정복하는 것은 그야말로 시간 문제였으나 몽골 본국에서 칸이 갑자기 사망하고 심각한 왕위 다툼이 일어나자 바투는 갑자기 본국으로 회군

할 수밖에 없었습니다.

유럽에서는 유럽 각지에서 일어나고 있는 민족주의 움직임에 대항해서 교황권이 계속하여 새로운 십자군 전쟁을 일으킴으로써 자신들의 세력을 만회하려 하였습니다. 그리고 이슬람이 지배하던 지금의 이라크와 시리아, 그리고 이란과 아프가니스탄 등의 지역을 침공한 훌라구가 이끄는 몽골군은 가는 곳마다 일방적인 압승으로, 바그다드, 시리아를 간단히 점령하고 그곳에 일칸국(Ilkhanate)을 세웠습니다. 이렇게 몽골제국이 세계제국을 세운 때의 한반도는 통일신라가 망하고 후삼국시대를 거쳐 왕건에 의해 세워진 고려시대였습니다.

몽골의 세계 제국화와 함께 아시아의 기독교는 그 전성기를 맞게 됩니다. 몽골의 쿠빌라이 황제의 어머니이자 징기스 칸의 며느리가 기독교인이었으며, 카라이트족, 나이만족 그리고 위구르족의 몇몇 황제들이 기독교도였습니다. 그리고 유명한 장관들 중에도 기독교인들이 많이 있었습니다. 더욱이 몽골의 금 호르드와 일칸국의 몇몇 칸들도 기독교도였던 것으로 알려집니다.

36. 마야문명과 아스텍문명

마야문명지역

　세계사에서 아메리카 대륙의 등장은 매우 늦습니다.
크리스토퍼 콜럼버스(Christopher Columbus)의 탐험대가
1492년에 처음으로 이 대륙에 도착하므로 유럽과 세계
에 그 존재가 알려졌습니다. 이 신대륙의 이름으로 아메

리카가 처음으로 쓰인 것은 1507년입니다. 독일인 지도 제작자 마르틴 발트제 뮐러(Martin Waldseemuller)가 이탈리아인 탐험가 아메리고 베스푸치(Amerigo Vespucci/1454–1512)의 이름을 따서 지도를 만들면서 아메리카라는 이름이 붙게 된 것입니다.

콜럼버스에 의해 신대륙의 존재가 세계에 알려진 후 찾아온 탐험가 아메리고 베스푸치는 유럽인으로서 처음으로 남미대륙에 상륙한 인물입니다. 그는 남미대륙을 북상하던 도중 현재의 베네수엘라 인근의 보네르 섬에 브라질우드가 많이 식생하고 있는 것을 보고 이 섬을 '브라질우드 섬'이라고 명명하였고, 아루바 섬에서는 집들이 물위에 지어져 있는 것을 보고 베니스를 연상하여 '작은 베니스'라는 뜻으로 '베네수엘라'라고 이름을 지었습니다. 현재 우리들이 사용하고 있는 브라질과 베네수엘라는 모두 베스푸치가 명명한 이름에서 유래한 것입니다. 유럽인이 이 대륙에 도착하기 전에 아메리카에는 이미 마야문명이 번성했던 곳이며, 발견 당시에는 아스텍문명과 잉카문명이 있던 때였습니다.

마야문명은 중앙아메리카에 케추아부족이 세운 고대 문명으로서 A.D.300년경부터 900년경까지 황금기를 가졌습니다. 마야인들은 지금의 멕시코의 유카탄 반도와 과테말라 지역을 중심으로 큰 문명을 이루었습니다. 필자가 방문한 마야지역의 유적은 웅장하였는데 피라미드형의 신전과 웅장한 궁전 등은 그들의 발달한 건축술을 보여주고 있었습니다. 그들은 천체 관측법이 매우 발달했으며 특히 마야 숫자가 매우 유명합니다. 마야 숫자는 숫자 0과 20진법을 사용했습니다.

그리고 그 후 지금의 멕시코 지역에 아스텍족에 의한 아스텍문명이 생겨났습니다. 아스텍족은 15세기부터 16세기 초까지 지금의 멕시코 중부와 남부지역에서 큰 제국을 세우고 지배했습니다. 아스텍이라는 부족명은 멕시코 북부에 있었던 것으로 보이는 이들의 발상지 '흰 땅'이라는 뜻을 가진 '아스틀란'에서 나왔습니다. 또한 그들은 테노츠라는 조상의 이름을 따서 테노치카족이라고도 불렀고, 텍스코코 호의 '달의 호수'라는 의미를 가진 신화적인 명칭 메츨리아판을 따서 멕시카족이라고도 했습니다. 이 이름 '멕시카'에서 아스텍의 수도를 대신하게 된 도시와 주변 계곡을 가리키는 멕시코라는 이름이 생겨났는데, 그것이 지금의 멕시코의 이름의 유래입니다.

아스텍문명에서는 일 년을 365일로 사용하는 태양력이 존재할 정도로 천문학이 발달해 있었습니다. 같은 시기에 잉카족은 1532년 스페인 인들에게 정복될 때까지 태평양 연안과 안데스산맥 고원지대를 따라 지금의 에콰도르 북부 국경지역에서 칠레 중부지역에 이르는 지역을 통치하며 잉카문명을 세웠습니다. 그리고 이들의 농작물이 아메리카 대륙의 발견과 함께 유럽과 세계에 전해지게 되었는데 그것은 고추, 고구마, 감자, 호박, 토마토, 그리고 옥수수 등입니다.

아메리카 대륙에 마야문명이 있던 시기의 세계는 이슬람이 등장하여 사라센제국을 세운 때였으며, 중국은 수나라와 당나라가 있었고, 한반도는 삼국시대에서 통일신라로 이어지는 시대였습니다. 유럽은 서로마제국이 멸망하고 동로마가 비잔틴제국으로 세력을 유지하고 있었으며, 프랑크왕국이 유럽의 세력으로 등장하였습니다. 기독교는 유럽에 크게 전파되었으며 수도원 운동이 일어난 시기였습니다. 그런가하면 아스텍문명이 있던 시기는 유럽이 아메리카대륙에 대한 침략을 시작하였고, 마틴 루터를 필두로 하는 종교개혁운동(1517년)이 시작되는 변혁의 시점이었습니다.

37. 롤라드파(Lollardy)

존 위클리프

14세기의 유럽은 종교개혁의 여명기라고 할 수 있습니다. 그 중 영국의 옥스퍼드대학교(University of Oxford)의 철학자이며 신학자였던 존 위클리프(John Wycliffe)는 최초로 성경을 영어로 번역하였던 중세 종교개혁의 선구자들 중 한사람입니다. 위클리프는 1370년대 옥스퍼드대학에서 당시로는 급진적인 종교적 견해를 주장하기 시작했습니다. 성찬의 빵과 포도주가 예수 그리스도의 몸과 피로 변한다는 화체설 교리를 부인하고, 설교의 중요성을 강조했으며, 성경이 기독교 교리의 가장 중요한 원천이라고 했습니다. 또한 교황직은 성경적 정당성이 없으며, 교황을 적그리스도와 같다고 보았는데 14세기 교황권이 분열되자 교황권이 붕괴되는 전조라고 환영했습니다. 결국 그는 1378년 옥스퍼드대학에서 쫓겨났습니다.

위클리프의 몇몇 옥스퍼드대학의 동료 학자들을 중심으로 헤러퍼드 니콜라스의 지도 아래 모인 그룹과 운동을 반대하는 자들이 이름을 붙인 것이 롤라드파입니다. 롤라드라는 이름은 '중얼거리는 사람'을 뜻하는 중세 네덜란드어 롤라에르트(lollaert)에서 유래한 경멸어입니다. 마찬가지로 종교개혁시대에 개신교를 지칭하기를 프로테스탄트(Protestant), 즉 저항자 혹은 반항자라고 하였습니다. 그것이 지금도 쓰여지는 이름이 된 것입니다.

롤라드 그룹은 핍박에도 불구하고 옥스퍼드대학 바깥에서도 추종자를 얻었습니다. 이 파는 도시민, 상인, 그리고 귀족 다음의 계급인 젠트리(gentry) 심지어 말단 성직자 사이에서 차츰 늘어났으며, 소수의 하원의원뿐만 아니라 왕실의 몇몇 기사들도 지지를 보냈습니다.

1399년 헨리 4세(King Henry IV)가 즉위하자 탄압의 물결이 일어나기 시작했습니다. 윌리엄 소트레이가 화형당해 롤라드파의 첫 번째 순교자가 되었고, 헨리 5세(Henry V) 때에는 더 큰 탄압으로 이어졌습니다. 그 후 지하로 몰린 이 운동은 소수는 성직자들의 지원을 받으며, 주로 상인과 장인들 사이에 영향을 미쳤습니다. 1500년경 롤라드파 부흥이 시작되었고, 1530년 이전부터 롤라드파와 새로운 세력인 프로테스탄트가 결합하기 시작했습니다. 롤라드파 전통은 프로테스탄티즘의 확산을 촉진시켰습니다.

초기 롤라드파의 가르침은 1395년 의회에 제출하기 위해 작성된 〈12결론〉(Twelve Conclusions)에서 가장 잘 진술되어 있습니다. 이 문서는 영국 교회가 '계모인 거대한 로마 교회'에 예속되었다는 진술로 시작해서 로마 교회의 서품식은 성경적으로 아무 근거가 없으므로 현재의 성직자들은 그리스도가 임명한 사람이 아니라고 주장하였습니다. 또한 성직자의 독신생활은 비정상적인 욕망을 불러일으키며, 화체라는 '거짓 기적'은 사람들을 우상숭배로 오도하고 포도주와 빵, 제단, 제사복 등을 신성시하는 것은 마술과 연결된다고 했습니다. 또한 어떤 인간도 두 주인을 섬길 수 없기 때문에 고위 성직자는 세속의 재판관과 지배자가 되어서는 안 되며, 죽은 사람을 위한 특별기도, 순례, 성상에의 봉헌을 비난했습니다. 그리고 고해성사는 구원에 불필요한 것이라고 선언했습니다. 나아가서 전쟁은 성경과 모순되며, 순결에 대한 맹세 때문에 수녀들은 낙태와 유아살해의 공포에 떨고 있고, 마지막으로 교회 안에서 이루어지는 수많은 미술과 공예가 쓸데없이 '낭비와 호기심, 허세'를 부추겼다는 것입니다.

이렇게 〈12결론〉은 롤라드파의 모든 중요한 교리를 포괄했으나 여기 포함되지 않은 중요한 2가지 교리가 있습니다. 그것은 성직자의 가장 중요한 임무는 설교이고, 모든 사람은 자신들의 언어로 된 성경에 자유롭게 접근할 수 있어야 한다는 것입니다. 따라서 롤라드파는 성경을 영어로 옮기는 일을 했습니다.

38. 십자군 국가

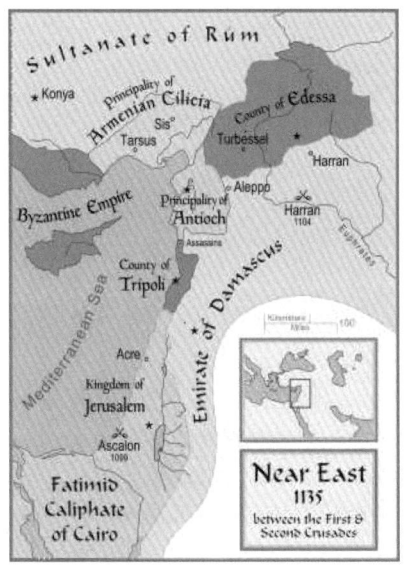

십자군 운동은 역사적으로 11세기부터 13세기까지 서유럽의 국가들이 성지 예루살렘을 이슬람 세력으로부터 탈환하는 것을 목적으로 행해진 대규모의 군사 원정을 말합니다. 기독교 신자들은 예수 그리스도가 생애를

보냈던 지역을 방문, 즉 성지순례 여행을 해왔습니다. 팔레스틴 지역을 지배하고 있던 이슬람국가가 11세기 초에 선임자들의 관용적인 종교 정책을 포기하고 기독교 신자 및 유대인을 박해하기 시작함으로써 성지순례 여행은 어려워지게 되었습니다. 따라서 유럽의 기독교인들은 성지를 이슬람 세력의 영향으로부터 해방시키기를 원하게 되었습니다. 뿐만 아니라 유럽인들의 새로운 땅을 얻고 싶어 하는 욕구와 도시 상인들의 새로운 시장개척이라는 요구가 그 감추어진 배경이기도 하였습니다.

그런 상황에서 1081년 동로마제국, 즉 비잔틴제국의 황제인 알렉시오스 1세가 교황에게 지원을 요청하는 일이 있었습니다. 당시 비잔틴제국은 이슬람권의 공격에 시달렸고 제국의 영토의 중심지인 소아시아반도, 즉 지금의 터키지역인 아나톨리아를 거의 잃을 지경이었습니다. 이에 비잔틴제국의 황제는 이슬람교도(무슬림)들이 성지순례를 하는 기독교인들을 탄압한다는 주장을 하며 당시 교황 우르바노 2세에게 군사지원을 요청하였습니다. 결국 이런 시대적 배경 속에서 전 서유럽에서 군대가 동원되는 십자군운동이 시작되었습니다. 이상에서 본 것과 같이 십자군 운동의 배경에는 순수하지 못한 동기들이 있었고, 그 결과 점차 정치적 경제적 이익을 따라 움직이게 되었습니다. 그들은 점령지 곳곳에 국가를 세웠지만 이런 내용은 세계사에서 별로 주목받지 못한 부분입니다. 이런 국가들을 소위 십자군 국가라고 부릅니다. 십자군은 모두 8차례의 원정을 하였습니다. 그 중 1차 십자군은 1099년에 예루살렘을 정복하였습니다. 그 전후로 십자군은 시리아와 팔레스틴 지역에 예루살렘 왕국을 비롯한 십자군 국가들을 세우게 되었습니다. 지금의 시리아 북부와 터키 동남부의 영토지역에 세워진 최초의 십자군 국가로 에데사국(The County of Edessa)과 안디옥교회가 있었던 지역에 세워진 안티오키아국(The Pricipality of Antioch), 지금의 레바논지역에 세워진 트리폴리국(The County of Tripoli), 그리고 예루살렘왕국(The Kingdom of Jerusalem)이 있습니다.

3차 십자군에 의해서는 키프러스 왕국이 세워졌습니다. 영국 왕 리챠드 1세가 지중해의 섬나라 키프러스를 점령한 후 세운 왕국으로 후에 이탈리아반도의 베네치아공화국에게 귀속되었습니다.

4차 십자군은 기독교 국가인 비잔틴제국의 영토를 침공하여 몇 개의 국가를 세우게 되었습니다. 4차 십자군은 본래 1187년에 이집트에게 함락된 예루살렘왕국을 재건하기 위해 이집트로 원정을 목표하였습니다. 이 전쟁에는 프랑스의 영주들이 주로 참여하였지만 군 보급품과 자금관계로 베네치아의 상인들이 관계하게 되었습니다. 결국 그들은 본래의 목적지가 아닌 엉뚱하게도 같은 기독교 세계의 일원인 아드리아해 연안의 항구인 헝가리제국의 '자라'시를 공격하였습니다. 그 후 그들은 비잔틴제국의 수도인 콘스탄티노플을 점령하여 프랑스의 플랑드르 백작인 보두앵 1세를 황제로 하여 라틴제국을 세웠습니다. 그 외에도 그리스 지역의 데살로니카 왕국, 그리스 남부의 모레아, 아테네, 낙소스 등의 공화국들을 세웠으며 여러 섬들은 베네치아 공화국의 영토가 되었습니다. 그러나 이 나라들은 후에 오스만 터키에게 망하였습니다.

39. 십자군과 셀주크 제국

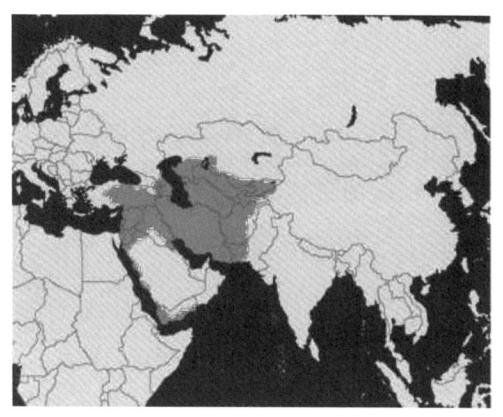

셀주크제국의 최대영토(11세기)

지난 과에서 우리는 십자군 운동과 그 결과로 생겨난 십자군 국가들을 언급했습니다. 성지를 회복하겠다는 운동으로 유럽에서 십자군이 조직되어 찾아간 지역의 당시 상황을 이 과에서 살펴보고자 합니다. 이 지역은 7세기 이후 이슬람의 지배를 받던 곳입니다. 이슬람 세력에 의해 세워진 제국을 비잔틴제국(Byzantine Empire), 유럽에서는 사라센제국(Saracens Empire)이라고 불렀습니다. 그 사라센제국은 우마이야왕조(Umayyad Dynasty)를 거쳐 압바스왕조(Abassid Dynasty)로 이어졌습니다. 압바스왕조 시대에는 곳곳에서 새로운 세력들이 등장하여 지배하던 영토가 나뉘게 되었습니다. 그 중에 한 세력이 성장하여 셀주크제국(Seljuq Dynasty)을 세우게 되었습니다. 초기 십자군이 간 곳은 팔레스틴과 시리아 등이 있는 소위 지금의 중동지역인데, 1차 십자군 전쟁 당시 그곳은 앞서 언급한 셀주크제국이 지배하던 곳이었습니다.

셀주크제국은 셀주크 투르크(Seljuq Terk), 혹은 셀주크왕조라고도 부릅니다. 이들은 11세기부터 14세기까지 중앙아시아와 중동지역을 다스린 수니파 이슬람왕조입니다. 그들은 본래 중앙아시아의 부족 연합체로 시작하여 큰 제국을 이루었으며 1차 십자군의 공격대상이 되었습니다. 10세기경 오구즈 투르크멘 부족의 셀주크라는 지도자가 이끄는 유목민들이 중앙아시아에서 이란의 북부지역으로 이동하였습니다. 10세기 당시 이란지역은 사만왕조의 페르시아왕조가 압바스왕조로부터 독립하여 세워졌던 때였습니다. 셀주크 가문과 그 부족민들은 페르시아의 문화에 적응하고 이슬람교를 받아들였습니다. 그리고 그들은 점차 세력을 키워서 11세기에 결국 그들의 왕국을 세우게 되었는데 이란지역부터 시작하여 당시 압바스왕조의 수도였던 바그다드를 포함하는 메소포타미아지역과 예루살렘이 있는 팔레스타인과 시리아지역까지 세력을 확대하였습니다. 그리고 아르메니아와 그루지야, 비잔틴제국의 영토였던 지금의 터키지역인 아나톨리아의 일부까지 지배하였습니다. 중앙아시아 출신인 투르크인들이 소아시아반도에 자리를 잡게 되는 시작이기도 합니다.

11세기 말에 권력투쟁으로 나라가 분할되는 때에 십자군전쟁이 시작되었습니다. 그 결과 십자군은 점령한 지역에 예루살렘왕국을 비롯한 여러 나라들을 세우게 되었습니다. 물론 십자군 국가들도 오래 존재하지는 못했지만 셀주크 투르크제국은 계속되는 권력투쟁과 내분으로 영토가 지금의 터키지역인 아나톨리아로 축소되었습니다. 13세기에 결정적으로 몽골의 침입으로 인해 그 제국은 무너지게 되지만 후에 소아시아반도에 남아있던 후예들이 오스만 투르크(Osman Turk Empire)라는 이름으로 다시 큰 제국을 세우게 됩니다.

이처럼 십자군 운동이 있을 당시의 중동은 셀주크 투르크제국이 지배하고 있었으며 십자군은 그들과 전쟁을 한 것입니다. 바그다드를 수도로 하며 사라센문화를 크게 일으켰던 압바스왕조가 힘을 잃어가고 있던 때이기도 합니다. 압바스왕조 당시에 유명한 아라비안나이트가 만들어졌으며, 아랍의 상선들은 멀리 중국까지도 무역을 하였습니다. 그리고 1차 십자군전쟁(1095년)이 시작되기 전인 11세기 중반(1054년)에 이미 기독교가 동과 서로 분열되었던 시기였습니다.

40. 십자군과 이집트

이집트의 맘룩왕조의 영토

지난 과에서 십자군 전쟁을 통해 이슬람 세력인 셀주크 투르크 제국이 지배하던 중동지역에 십자군에 의한 국가들이 세워졌음을 언급했습니다. 중동지역은 이슬람 세력이 중동 전체와 북아프리카, 그리고 스페인의 이베리아반도까지 지배하던 중 시리아의 다마스커스를 수도로 하는 우마이야왕조에 이어서 바그다드를 수도로 하는 압바스왕조가 등장하였습니다. 그 압바스 왕조의 퇴조와 함께 셀주크 투르크(Seljuk Turk) 제국이 등장하였습니다. 1차 십자군 전쟁 시절은 압바스 왕조가 바그다드와 그 주변만 통치하는 상황이었고, 중동의 전체를 지배하는 세력은 셀주크 투르크 제국이었습니다.

본과에서는 같은 십자군 전쟁의 기간에 십자군의 공격대상이 되었던 이집트의 상황을 살펴보고자 합니다. 이집트는 알렉산더의 헬라에게 지배를 받고, 알렉산더 사후 알렉산더의 부하 장군 프톨레미에 의해 헬라인이 지배하는 프톨레미왕조가 시작됩니다. 프톨레미왕조의 이집트 마지막 왕은 유명한 클레오파트라입니다. 로마가 지중해의 큰 세력으로 확장하고 있던 때에 율리우스 카이사르의 죽음 후 로마의 동부 영토를 다스리던 장군 안토니우스가 이집트의 여왕 클레오파트라와 사랑에 빠지게 되었습니다. 안토니우스와 세력다툼을 하던 로마의 옥타비아누스의 군대와 안토니우스, 클레오파트라 연합군의 유명한 악티움 해전에서 옥타비아누스의 로마군이 승리를 합니다. 그 옥타비아누스가 로마의 최초의 황제가 된 카이사르 아우구스투스(성경에서는 가이사 아구스도로 표현)입니다. 그리고 이집트의 프톨레미왕조는 막을 내리고 B.C.30년에 로마의 속국이 되었습니다. 그 후 로마의 동서 분열과 서로마의 멸망 후 이집트의 지배권은 동로마제국, 즉 비잔틴제국이 갖게 되었습니다.

그 후 A.D.640년에 아라비아에서 시작된 이슬람교의 군대가 이집트를 정복하였습니다. 이후 다마스커스를 수도로 하는 우마이야왕조(Ummayya) 및 바그다드를 수도로 하는 압바스왕조(Abbasid) 등으로부터 파견된 총독이 이집트를 지배하였습니다. 이 기간 중 많은 이집트의 기독교 분파인 콥틱교도들이 이슬람으로 개종하고 아랍어가 애굽인의 언어인 콥틱어를 대체하게 되었습니다.

툴룬(Tulun) 총독 시기에는 바그다드의 지배로부터 벗어나 툴룬왕조라는 반 독립적 세력을 형성하기도 하였습니다. 그 후 파티마왕조(Fatimah)가 969년에 이집트를 지배하여 수도를 알렉산드리아에서 카이로로 옮겼습니다. 이집트의 이 파티마왕조의 기간에 십자군 전쟁이 시작되었습니다. 그 기간에 1~2차 십자군 운동이 있었습니다.

그리고 1171년에 이집트를 공격한 십자군을 물리치며 시작된 아이엽왕조(Ayyub)는 십자군을 대항하기 위해 터키계 노예 출신인 맘룩족(Mamluk)을 수비대로 활용하였으나 맘룩족의 반란으로 1250년에 몰락하였습니다. 맘룩왕조의 기간에 7차 십자군의 이집트 침공이 있었습니다. 그 기간에는 과거 헬라인 왕조인 프톨레미왕조 기간에 헬라어가 널리 사용되었던 것처럼, 그리고 아라비아인들의 왕조들이 지배하면서 아랍어가 사용되었듯이, 맘룩족이 터키(투르크)계인 관계로 터키어가 널리 사용되었습니다. 오스만 터키의 지배가 시작되는 1517년까지 맘룩왕조의 시대가 이어집니다. 1517년은 유럽에서 마틴 루터(Martin Luther)에 의한 종교개혁운동이 시작된 해이기도 합니다.

41. 요한 후스(John Huss)

요한 후스가 살던 보헤미아

동유럽의 국가들 중에는 체코공화국이 있습니다. 오
랜 역사를 가진 그곳의 다른 이름은 보헤미아(Bohemia)입
니다. 현재의 체코공화국을 구성하고 있는 세 지방 중 한
곳의 현지 발음으로 체히(Cechy)인데, 그 곳의 라틴어와

영어식 이름인 보헤미아가 더욱 널리 알려져 있습니다. 그곳의 도시 프라하는 긴 역사와 함께 아름다운 정경을 가지고 있습니다. 필자가 그곳을 방문하였을 때 종교개혁사에 중요한 인물 요한 후스의 발자취를 보며 많은 생각에 잠기게 되었습니다.

후스는 보헤미아의 후시네츠(Husinec)란 곳에서 1369년에 소작농 부모 밑에서 태어났습니다. 그의 이름은 그 마을 이름에서 유래했습니다. 어릴 적부터 머리가 뛰어나 특출 났습니다. 그가 유망한 청년이었기에 어떤 이들은 그의 지적 능력을 가톨릭교회를 위해 사용하길 바랐습니다. 그는 프라하대학(University of Prague)에서 1396년에 석사학위를 받은 후, 교수로서 대학에 남았습니다. 당시의 유럽은 신성로마제국의 큰 영향력 아래 있었으며 그 제국의 독일인 황제 카를 4세는 보헤미아의 왕을 겸직하고 그 이름을 카렐 1세라고 하였습니다. 그 황제에 의해 프라하대학이 1348년에 설립되었습니다. 그 후 영국 왕 리차드 2세가 체코의 바츨라프(Wencelas) 4세의 여동생과 결혼함으로 인해 영국과 보헤미아 사이에 동맹이 체결되었습니다. 그러자 학생들은 자유로이 옥스퍼드대학과 프라하대학을 옮겨 다닐 수 있었습니다. 이러한 방식으로 옥스퍼드대학의 강의 내용이 프라하에 전달되어 후스는 위클리프의 과업을 손에 넣어 그의 가르침을 자신의 것처럼 받아들였습니다.

1400년에 후스는 사제로 안수 받았습니다. 그 다음 해는 프라하대학 철학과 학장이 되었습니다. 1402년에는 대학 전체의 총장이 되었습니다. 그의 영향력은 주위 사람들에게 존경을 받을수록 커져갔습니다.

그는 프라하대학의 새 총장으로서 베들레헴 예배당의 전도자의 책임을 맡았습니다. 1,000개 이상의 좌석이 있는 이 예배당은 프라하에서 가장 크고 가장 영향력 있는 예배당이었습니다. 이 예배당은 특별히 일반적인 라틴어가 아닌 대중의 언어로 하나님의 말씀을 전하기 위해 1391년에 지어졌습니다. 그리하여 요한 후스가 예배당에서 말씀을 전했을 때 그는 사람들이 이해할 수 있는 언어로 말을 했습니다.

후스가 살던 시대에는 가톨릭교회에 대한 불만이 확

산되고 증가했습니다. 사람들은 이제까지 생각 없이 받아들이던 것들에 관해 의문을 갖기 시작했습니다. 초대 교회의 단순함이 되풀이되기 바라는 막연한 단순함이 있었지만 이러한 움직임에 방향을 제시하고 초점을 맞출 사람, 분명한 생각을 하고 강하게 말하고 또한 무엇보다도 확신을 갖고 태도를 취하는 사람이 필요했습니다. 하나님은 요한 후스를 그런 사람으로 예비하셨습니다. 후스가 베들레헴 예배당에서 "성경은 말하기를…"이라고 선포했을 때, 회중의 마음은 그와 함께 했습니다. 후스는 사람들이 막연하게만 느꼈던 것을 분명하게 설명해주었습니다. 후스는 위클리프가 취했던 입장을 취하며 하나님의 말씀 안에서 진리를 향해 서 있었습니다.

그는 73일간 감옥에 갇힌 후 1415년에 화형에 처해졌습니다. 그 일로 인해 1419년에는 일반 대중들이 프라하를 점령하는 사건이 일어났습니다. 위클리프가 영국에서 했던 것처럼 위클리프에게 영향을 받은 그는 로마가톨릭의 오류를 지적하며 위클리프의 노선을 이어 계속하여 동유럽에 말씀을 전했던 것입니다.

42. 14세기의 유럽과 교회

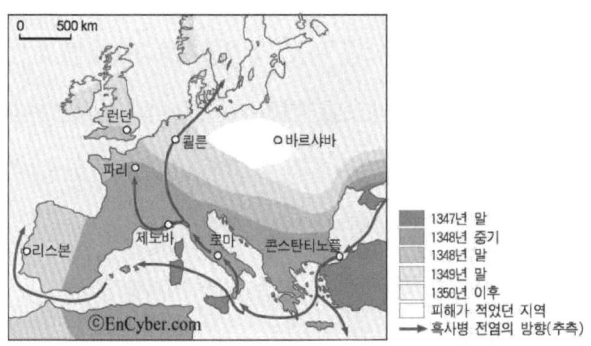

흑사병의 전파

앞의 과에서 살펴본 영국의 존 위클리프와 프라하의
존 후스는 14세기 기독교회의 개혁가들이었습니다. 이
글에서는 당시의 유럽과 기독교의 상황을 살펴보고자
합니다.

B.C.1800년경에 켈트인이 북프랑스로 이동해 들어

왔습니다. 철기시대에 이르면서 프랑스 중부는 거의 켈트계 갈리아인에 의해 점령당하게 됩니다. B.C. 58년부터 카이사르의 로마군이 갈리아 지방을 정복하기 시작하였고, 그 결과 로마화 된 갈리아가 이루어 낸 것이 갈로로망 문화입니다. 3세기 중엽, 게르만인의 부족 중 하나인 프랑크족이 갈리아지방을 침입하기 시작하였습니다. 프랑크의 살리지족이 북동부에 침입하여 로마의 동맹군으로서 그 세력을 키웠습니다. 로마와의 연합군은 훈족의 왕인 아틸라의 침략을 격퇴하였으나 서로마는 얼마 안 되어 멸망하였습니다. 그리고 프랑크의 살리지족의 클로비스는 메로빙거왕조의 프랑크왕국을 건설하였습니다. 이후 카롤링거 왕조가 형성되었을 때 카를대제의 손자 대에 이르러 국토는 3분되었습니다. 나중에 독일이 된 동프랑크왕국, 북이탈리아를 포함하는 중부 프랑크의 로타르 왕국, 그리고 현재의 프랑스 영토를 중심으로 한 서프랑크왕국이 그것입니다. 그 후 서프랑크 왕국은 점차 프랑스왕국으로 불리게 되었습니다. 이후 987년 위그 카페는 카페왕조를 창시하고 프랑스 왕이 되었습니다. 여기서 프랑크왕국이 멸망하고 프랑스 역사가 시작됩니다.

동프랑크는 신성로마제국의 이름을 거쳐 독일제국으로 발전하게 됩니다. 중부프랑크가 그 힘을 발휘하지 못하는 가운데 프랑스와 독일의 세력다툼이 있을 때, 스위스가 13세기 말에 독립을 하게 되었습니다. 독일과 프랑스는 이탈리아에 대한 지배력을 놓고 분쟁을 하던 중 14세기에 프랑스는 이탈리아에 대한 지배권을 갖게 되었습니다. 그런 가운데 14세기 초인 1305년에 선출된 프랑스인 교황 클레멘스 5세는 전통적인 교황의 거처인 로마에서 그 거처를 프랑스 영토 내에 있는 아비뇽으로 옮겼습니다. 이후 1377년에 교황 그레고리우스 11세가 아비뇽에서 로마로 그 거처를 옮기고 죽자 그 이후 로마에 이탈리아 출신의 교황과 아비뇽에는 프랑스 출신의 교황이 세워지고, 그 혼란의 종식을 위해 이탈리아 피사에 새로운 교황이 세워지는 일이 발생합니다. 한 때 세 명의 교황이 존재하는 혼란은 1429년에 종식되었습니다.

그런가하면 영국 왕 에드워드 3세가 왕위계승권을

주장하여 프랑스로 침입하였기 때문에 영국과 프랑스 간에 백년전쟁(1337~1453)이 시작되었습니다. 프랑스의 잔 다르크의 이야기로 유명한 이 전쟁은 그 결과 프랑스의 제후 세력들이 쇠퇴하고 왕권이 강화되게 되었습니다.

그리고 흑사병이라고 불리는 페스트로 인해 수많은 사람이 죽어 유럽에 큰 재앙이 되었던 사건이 이 시기에 있었습니다. 중국과 아시아 내륙에서 유래한 흑사병은 1347년 키르키스 초원과 남러시아의 킵차크 초원지대에 있던 몽골계통의 나라 킵차크의 군대가 흑해의 크림반도지역에서 이탈리아반도의 제노바 상인들이 세운 교역소를 포위하고, 페스트 환자의 시체들을 도시를 향해 쏘아 보냄으로 유럽인들에게 전염시켰습니다. 흑사병은 지중해 항구들로부터 퍼져나가 북아프리카와 전 유럽에 퍼졌습니다. 그 당시의 문헌연구에 따르면, 치사율은 지역에 따라 다르지만 프랑스의 연대기 작가 장 프루아사르가 유럽 인구의 1/3 정도가 흑사병으로 사망했다고 한 말은 비교적 정확할 것입니다. 대략적으로 추산해보면,

그 당시 유럽에서 2,500만 명이 흑사병으로 사망했습니다.

    이처럼 존 위클리프와 존 후스가 교회의 개혁을 주장하며 죽어가던 시절은 교회와 유럽 사회가 혼란과 격동 가운데 있던 상황이었습니다.

43. 14세기의 세계

1450년경의 오스만투르크제국

    지난 과에서 우리는 14세기의 유럽과 교회의 형편을 부분적으로 살펴보면서 여러 교황이 있게 된 상황, 잔 다르크의 영웅담으로도 유명한 영국과 프랑스의 백년전쟁, 그리고 유럽에 임한 엄청난 재앙이었던 흑사병 등에 대하여 언급했었습니다. 이 과에서는 지난 과에서 언급한 것 외의 14세기 세계사 속의 몇 가지를 살펴보고자 합니다.

우선 기독교와 유럽에 큰 영향을 준 비잔틴제국의 멸망과 오스만제국의 등장을 언급하지 않을 수 없습니다. 동로마로 시작된 비잔틴제국은 기독교의 동방교회의 중심 국가로 존재하였으나 13세기 말에 건국되어 빠르게 성장한 오스만제국에게 15세기에 멸망하게 됩니다. 지중해의 동부지역의 새로운 강자로 등장한 오스만제국은 유럽인이 오스만제국을 오스만 투르크 또는 투르크제국이라고 불렀는데, 이것을 영어식으로 Ottoman Turks, Turkish Empire라고 표기하게 되었고 한국에서는 이 표현을 그대로 따와 오스만 투르크, 투르크제국, 오스만투르크제국으로 많이 불렀지만, 현재는 오스만제국 또는 오스만왕조라는 표기가 일반적입니다. 중앙아시아의 돌궐족의 한 지류인 투르크족 출신의 오스만 가에 의해 세워진 이 제국은 과거 기독교 국가였던 비잔틴제국의 소아시아반도를 중심으로 하여 동로마와 비잔틴제국의 과거 영토였던 지중해의 동부지역을 거의 지배하게 되었습니다. 이로 인해 과거 동방교회 지역이었던 소아시아지역이 이슬람 국가인 오스만제국에 의해 이슬람의 강요를 받게 되었습니다. 뿐만 아니라 그들의 침략과 지배를 받게 된 일부 유럽의 지역도 이슬람화 되었습니다. 기독교 역사에 많이 다루어진 팔레스틴 지역을 포함하여 소아시아 일곱 교회 지역 등이 모두 오스만제국의 지배를 받게 된 것입니다. 콘스탄티노플은 이슬람의 도시라는 의미를 가진 이스탄불이라는 이름으로 바뀌게 되고 그곳의 유명한 소피아 예배당은 이슬람의 사원인 모스크로 사용되게 되었습니다.

그런가하면 14세기의 중국은 몽골세력으로서 13세기에 시작된 원나라의 쇠퇴, 그리고 명나라의 등장이 있게 됩니다. 몽골의 칭기즈 칸의 손자인 쿠빌라이에 의해 중국에 세워진 원나라는 그 영토의 넓이만큼이나 다양한 민족들로 구성되어 있었습니다. 중국 본토가 한족이 주 세력이었기에 그들을 다스리는 방법으로 원나라는 다른 소수 민족을 우대하고 등용하는 정책을 사용하였습니다. 눈의 색깔이 다르다고 해서 색목인으로 불리는 아랍상인들과 유럽인들까지 관리로 등용하였던 기록이 있습니다. 마르코 폴로도 이 시기의 사람입니다. 그리고 이 시대에 화약과 대포 등이 처음으로 중국에서 등장하였고 그것이 몽골이 유럽을 침입하면서 유럽에 전해지게 되었습니다.

원나라의 쇠퇴와 멸망과 함께 등장한 나라가 명나라입니다. 명나라는 한족이 몽골족이 세운 원나라를 멸망시키고 세운 통일왕조로서 한족의 지배를 회복하였고, 뒤에 만주족이 세운 청나라에게 멸망되기까지 중국대륙을 지배하였습니다. 명나라의 시기는 중국이 근대화하는 시기와 직접 접속되는 시대로서 중요한 성장과 변혁기였다고 할 수 있습니다.

동남아시아의 베트남은 이 씨 왕조에서 진 씨 왕조로 바뀌었고, 태국은 수코타이 왕조가 최초의 통일국가를 만들었으며, 찬란한 문화를 자랑하던 버마는 원나라 군대에게 멸망하였습니다.

유럽 사회가 십자군 전쟁을 통해 중동지역과 문화적 접촉이 이루어졌듯이, 아랍계 상인들이 아시아의 향료를 알게 되면서, 중간 무역을 담당하던 아랍계 상인들의 동남아시아를 향한 발걸음이 잦아졌습니다. 이로 인해 문화적 교류가 많아지게 되었고 동시에 그 지역에 이슬람교가 영향을 미치게 되었습니다. 이 시대의 한반도는 고려시대를 거쳐 조선시대가 시작되는 전환기에 있었습니다.

44. 15세기의 세계

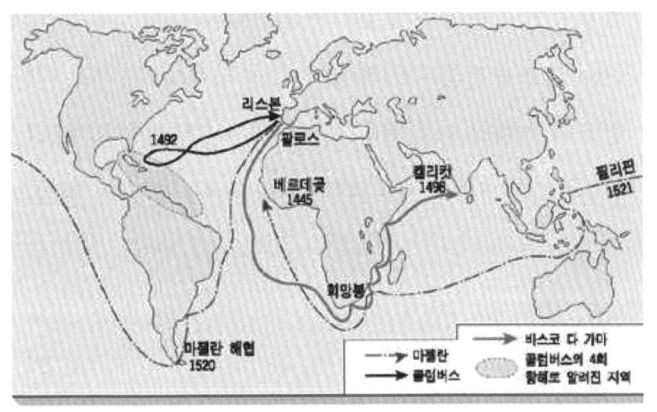

신항로 개척

    15세기의 유럽의 상황은 종교개혁운동의 불씨가 지
펴지던 때였습니다. 앞서 언급한 것처럼 영국의 위클리
프와 체코, 즉 보헤미아의 요한 후스에 의한 교회개혁을
위한 시도들이 있었습니다. 그런가하면 이미 한반도와
중국에서 고안되어 있던 활자 인쇄가 1450년경에 유럽
의 독일인 구텐베르크에 의해서 활판인쇄가 발명되어

후에 루터에 의한 성경번역과 보급을 통한 개혁운동에 큰 추진력이 되었습니다. 이 시기는 이탈리아반도에서 시작된 르네상스, 즉 문예부흥운동이 전 유럽에 큰 영향을 미치게 되었습니다. 그리고 항해술의 발달로 인해 아프리카 남단의 희망봉 발견에 이어서 콜럼버스의 아메리카대륙 발견도 바로 이 시기에 일어난 일들입니다. 그리고 러시아는 몽골세력의 지배에서 벗어나 모스크바공화국이 독립하며 러시아라는 통일국가를 이루게 되었습니다.

당시 유럽은 인도와 아시아에서 수입하는 후추 등의 향료가 큰 인기를 끌면서 그 무역이 활성화되었습니다. 결국 그 무역은 새로운 식민지 개척으로까지 이어지게 됩니다. 그 경쟁에서 포르투갈이 인도항로 개척을 위해 아프리카 남단의 희망봉을 발견하면서 인도항로의 완성이 가까워지자 그 경쟁국인 스페인도 콜럼버스를 통한 새로운 항로를 개척하는 시도를 하게 되었습니다. 그 결과 아메리카대륙을 발견하였습니다. 그곳에는 향료는 없었으나 대신 풍부한 은이 있었습니다. 신대륙에 대한 정복의 과정에서 14세기와 15세기에 마야문명을 계승한 멕시코의 아즈텍인이 만든 아즈텍제국이 결국 망하고 맙니다. 그리고 남아메리카에 있던 잉카문명의 잉카제 국도 16세기에 들어서서 결국 망하였습니다.

　로마제국의 맥을 이어받은 것으로 자부하던 동로마 제국, 즉 비잔틴제국이 멸망한 것도 이 시대의 사건입니 다. 비잔틴제국은 오스만 터키제국에 의해 콘스탄티노 플이 함락되면서 1453년에 천년이 넘는 역사의 막을 내 리게 되었습니다. 그것은 단순히 한 나라의 멸망이 아닌 기독교 중심 국가가 이슬람제국에게 그 자리를 내준 결 과가 되었습니다. 비잔틴제국의 지배 하에서 기독교회 가 보호를 받던 상황에서 교회가 핍박을 받는 상황으로 바뀐 것입니다. 특히 성경의 땅인 팔레스틴 지역을 포함 해서 시리아지방과 소아시아반도가 모두 이슬람세력인 오스만 터키의 지배하에 있게 된 것입니다. 더구나 유럽 땅인 발칸반도까지 모슬렘의 지배를 받게 된 것입니다. 그 결과 오랜 세월의 오스만제국의 지배를 통해 발칸반 도의 일부를 포함한 대부분의 제국의 영토는 이슬람화

되었습니다.

그런가하면 한반도는 14세기말에 고려가 망하고 조선왕조가 등장하여 1446년에 세종대왕에 의해 훈민정음이 반포된 시기였습니다. 그리고 14세기에 원나라를 중국 본토에서 쫓아내고 세워진 중국의 명나라는 그 수도를 본래 남경에 정하였다가 15세기에 북경으로 옮기어 현대에 이르게 되었습니다.

이와 같은 유럽의 르네상스운동과 새로운 항로개척을 통한 지리상의 발견, 그리고 활발한 무역과 식민지 개척, 그리고 상업의 발달로 인한 도시의 팽창과 농촌의 몰락, 그 농촌의 몰락으로 인한 중세 봉건사회 구조의 해체 등의 변화가 이 시대의 흐름이었습니다. 이런 배경 속에 로마 천주교의 미신적 교리와 교권에 항거하며 초대교회의 정신으로 돌아가고자 하는 종교개혁운동의 불길이 16세기에 일어나게 된 것입니다.

45. 종교개혁의 선구자 마틴 루터

마틴 루터

영국의 위클리프와 체코의 존 후스 등 종교개혁자들
이 있었지만 종교개혁운동의 큰 불씨가 된 인물은 독일
의 마틴 루터였습니다. 루터는 1483년 독일의 작센주의
아이스레벤(Eisleben)에서 광산업에 종사하는 아버지 한

스 루터와 어머니 마가레테 린데만 사이에서 태어났습니다. 1501년 에르푸르트 대학(Erfurt)에 입학해 법학을 전공하였습니다. 그 후 1505년 여행 도중 천둥을 동반한 폭풍우를 만나 친구가 죽는 일을 당한 후 소명을 받아 같은 해 에르푸르트의 아우구스티누스 수도회에 들어가게 되었습니다.

그리고 그는 1508년 비텐베르크대학(Wittenberg)에서 신학을 공부한 후 이 대학의 신학 교수가 되었습니다. 그는 이때 하나님은 인간에게 행위를 요구하는 것이 아니라, 예수 그리스도를 통해 인간에게 은혜를 베풀어 구원하는 것임을 재발견하였습니다. 이 결과 당시 교회의 관습이 되어 있던 면죄부 판매에 대한 비판으로 1517년 루터의 95개 조항이 나왔는데, 이것이 큰 파문을 일으켜 마침내 종교개혁의 발단이 되었습니다. 결국 그는 교황으로부터 파문칙령을 받았으나 불태워 버렸습니다.

1521년에 신성로마제국의 의회에 소환되어 그의 주장을 취소할 것을 강요당했으나 이를 거부하였습니다. 그로부터 9개월 동안 작센의 영주의 비호 아래 바르트부르크성에서 숨어 '융거 게오르그'라는 이름을 가진 귀공자로 변장해 지내면서 신약성경의 독일어 번역을 완성하였습니다. 이것이 독일어 통일에 크게 공헌하였음은 잘 알려진 사실입니다. 그리고 그는 저술에서 사제직과 수도생활, 공로, 교계제도, 고해성사를 거부하였습니다.

비텐베르크로 돌아와서는 새로운 교회 형성에 힘썼는데, 처음에는 멸시의 뜻으로 불리던 호칭이 마침내 통칭이 되어 '루터파 교회'가 성립되었습니다. 그러나 종교개혁에서 파생된 과격파나 농민의 운동, 농민전쟁에 대해서는 성경 신앙적 입장을 취함으로써 이들과는 분명한 구분을 지었습니다.

한편 1521년 말부터 사회혁명가이자 종교개혁자인 토마스 뮌처를 비롯, 루터의 영향을 받은 과격한 종교개혁가들이 줄기차게 등장하여 사회적 혼란은 더욱 심화되어만 갔습니다. 특히 1524년과 1525년 사이에 토마스 뮌처 등의 지도로 일어난 농민혁명에서 루터는 처음에는 농민들의 편을 들었으나, 제후들의 착취에 대항하는 농민들의 혁명 활동이 점점 과격해짐에 따라 결국 태도를 바꾸어 제후들에게 폭력 진압을 촉구함으로써 농민들의 혁명은 잔인한 탄압으로 진압 당했습니다. 이러한 태도는 루터의 영웅적 이미지를 크게 손상시키게 되었습니다. 그는 영주들 간의 분쟁 조정을 위하여 고향인 아이슬레벤에 갔다가 그곳에서 병을 얻어 죽습니다. 루터에 의해 시작된 종교개혁운동(칼빈이나 다른 종교개혁자와 함께)은 르네상스운동과 함께 중세에서 근세로의 전환점이 되었습니다.

당시의 유럽의 신성로마제국은 고대 로마제국의 계승자를 자처하여, 11세기 무렵에는 '로마 제국(Rőmisches Reich)', 12세기 무렵에는 '신성 제국', 13세기 이후에는 '신성로마제국(Heiliges Rőmisches Reich)'이라고 칭하였습니다. 16세기에는 '도이치민족의 신성로마제국(Heiliges Rőmisches Reich Deutscher Nation)'이라고 칭하게 되었습니다. 독일어의 'Reich'는 라틴어의 'imperium'에 대응하는 개념으로 '제국'을 의미합니다. '신성'이라는 형용사는 1157년에 프리드리히 1세가 제후들에게 발포한 소환장에서 처음 나타납니다. 본래 고대 로마제국이나 프랑크왕국의 후계자를 자처하였으므로, 이 정치체제의 군주는 정식으로 말하자면 초기에는 프랑크 국왕, 후에는 로마 국왕이며, 이 직함을 얻은 사람이 로마에서 대관식을 거행하여, 로마 황제로 취임했던 것입니다.

46. 존 칼빈(John Calvin)

존 칼빈(John Calvin)

본래의 프랑스식의 발음인 '장 칼뱅'(Jean Calvin)은 영
어식의 발음인 존 칼빈(John Calvin)으로 우리에게 더욱
익숙한 이름으로서, 종교개혁사에서 루터와 함께 큰 영
향을 미친 인물입니다. 그는 프랑스에서 1509년에 태어
나 여러 대학에서 공부를 하였습니다. 그는 파리대학

(University of Paris)에서 인문학과 법을 공부하였고, 1532년에 오를레앙의 법과대학에서 법학박사(Doctor of Laws) 학위를 받았습니다. 그 기간에 그는 당시 유럽에 큰 영향을 미치고 있던 개신교 사상을 접하게 되었습니다. 그리고 그는 후에 위그노(Huguenot)라고 불린 프랑스의 개신교인들의 모임에 참석하던 중 프랑스 왕 프랑세스 1세에 의한 개신교인들에 대한 박해를 보게 됩니다. 위그노는 현재 프랑스 개혁교회로 그 이름이 불려지고 있습니다.

프랑스에서의 개신교 운동에 대한 그 박해의 시작은 1533년에 칼빈이 그의 친구 콥(Cop)의 성 바르브대학의 교수 및 학장 취임 연설문을 작성해 준 것이 한 계기가 됩니다. 그 연설문에 종교개혁자 마틴 루터의 사상을 담았다는 이유로 제소를 당하게 되었고 프랑스 국회는 이단자의 설교로 동의하기에 이르렀습니다.

결국 1534년 10월 18일에 개신교도들이 로마가톨릭을 비난하는 현수막을 파리 전역에 부착하면서 그 박해가 시작되었습니다. 칼빈은 이로 인해 프랑스의 개신교도들이 집단으로 거주하고 있던 독일과의 국경도시 스트라스부르(Strasbourg)와 스위스를 오고가며 목회와 저술활동을 하였습니다. 그 기간에 그는 유명한 그의 저서인 기독교강요(Institutes of the Christian Religion)를 출판하기도 하였습니다. 그는 스위스의 제네바에서 26년간 목회를 하였습니다. 그 기간에 그는 첫 목회 3년 만에 쫓겨나기도 하였고, 그 후 다시 요청을 받고 부임한 후 14년 동안의 목회 가운데서도 반대자들로부터 많은 어려움을 겪었습니다. 그의 사역의 마지막 9년만 소신 있는 목회를 할 수 있었습니다. 그리고 1564년 5월 그는 54세의 나이로 하나님의 부름을 받았습니다.

그는 개신교의 대표적인 신학자로서 명성을 떨치면서 그의 목회지인 스위스의 제네바에서는 정치적인 영향력까지 발휘하였습니다. 그는 개신교 신학을 집대성하였고 그의 신학은 유럽에서는 개혁교회로, 스코틀랜드에서는 장로교회라는 이름으로 계승되었습니다. 개혁주의라고도 불리는 칼빈주의는 종교개혁시대에 유럽의 개신교 신학의 주류로 자리잡게 되었습니다. 그 개혁교회의 태도를 표현하는 것으로 잘 알려진 것이 소위 'Five

Solas'라 이름 붙은 주장들로서 다음과 같습니다.

Sola Scriptura (오직 성경) : 진리냐 아니냐의 최종 권위는 성경에 있다는 뜻이다. 로마교회는 이와 달리 교회를 성경 위에 둔다.

Solus Christus (오직 그리스도) : 인간의 상태에 대한 개혁신앙적 입장은, 모든 인간은 죄로 인해 참된 생명력을 잃은(죽어 있는) 절대적인 절망의 상태로서, 죄의 종노릇을 하고 있으며, 현세에서도 하나님의 진노를 받지만 사후의 심판에서 죄에 대한 대가로 영벌을 받는다는 것이다. 이러한 상태에서 인간은 스스로 벗어날 능력이 없고, 구원의 유일한 길은 십자가에서 억조창생의 죗값을 다 받고 하나님의 의를 완전히 이룬 예수 그리스도의 공로를 덧입는 것뿐이라는 것이 Solus Christus에 담겨 있는 내용이다.

Sola Gratia (오직 은혜) : 예수 그리스도의 공효를 덧

입혀 주는 것은 전적인 하나님의 선물로서, 하나님이 인간 쪽에 아무런 조건을 찾지 않으신다는 내용이다. '믿음' 역시 하나님의 선물이며, '믿음'은 구원의 은혜를 받는 '통로' 역할을 하지 그것의 '대가'로 구원을 받는 것이 아니라는 것이다.

Sola Fide (오직 믿음) : 하나님이 내리시는 구속의 은혜는 오직 믿음을 통하여 받는 것이지 다른 어떤 것이 요구되지 않는다는 것이다.

Soli Deo Gloria (오직 주만 영광 받으심) : 구원은 하나님이 시작하고 완성하시는 일이며 거기에 인간이 참여하는 부분은 없기 때문에, 모든 영광을 하나님이 받으신다는 내용이다.

47. 스코틀랜드와
존 낙스(John Knox) (1)

존 낙스(John Knox)

존 낙스는 1513년경 스코틀랜드의 에딘버러(Edinbu-rgh)에서 그리 멀지 않은 하딩톤(Haddington)에서 태어났습니다. 그는 성 앤드류대학(St. Andrews University)에서 교육받고, 이어 신부로 서품되었습니다. 그러나 그가 30

세쯤인 1546년 성 앤드류의 화형장에서 순교하게 되는 죠지 위샤트(George Wishart)에게 깊은 감명을 받고 개신교 사상을 따르게 되었습니다. 존 낙스는 실패로 끝나 버린 앤드류 성 반란에 참여하였다가 노예가 되어 프랑스의 노예선에서 19개월이나 보내는 경험도 했습니다. 그는 에드워드(Edward) 2세 치하 말기에 영국으로 오게 되었고, 1553년 메리 여왕(Mary Queen of Scots)이 즉위하자 독일로 건너가 한동안 프랑크푸르트(Frankfurt)에 있는 영국의 망명자들의 교회 목사로도 있었습니다. 그 후 스위스의 제네바로 건너가 칼빈(John Calvin)을 그곳에서 만나면서 존 칼빈의 제자가 되었습니다. 1559년 존 낙스는 스코틀랜드로 다시 돌아왔고 그 곳에서 교회 개혁을 돕다가 1572년에 세상을 떠났습니다. 그가 전파한 칼빈의 개혁주의는 스코틀랜드에서 장로교로 크게 꽃피웠고 스코틀랜드가 장로교회의 시작이 되었습니다.

존 낙스의 시대는 유럽 대륙에서 시작된 종교개혁운동과 르네상스 등의 격변의 시기였습니다. 뿐만 아니라 섬나라인 잉글랜드와 스코틀랜드도 큰 변화와 혼란을 겪는 시대였습니다. 당시의 스코틀랜드와 잉글랜드는 지금과 같은 하나의 나라가 아닌 각각 다른 나라였습니다. 스코틀랜드는 유럽에서 건너온 스코트족에 의해 세워진 나라였으며, 잉글랜드는 앵글로족과 색슨족의 나라였습니다.

잉글랜드의 튜더왕조(House of Tudor)의 헨리튜더 8세(Henry VIII, 재위 1509-1547)는 그의 형이 죽자 오늘의 스페인의 바르셀로나와 발렌시아에 있던 아라곤(Aragon)왕국에서 시집온 연상의 형수 캐더린(Catherine of Aragon)과 결혼하게 됩니다. 그러나 딸 메리 튜더 이외에 아들을 낳지 못한다는 이유로 형수 캐더린과의 결혼을 취소하고, 프랑스에서 온 궁녀 앤 볼레인(Ann Boleyn)과 재혼을 허가할 것을 로마교황에게 요구했습니다. 로마교황이 이를 거절하자 그는 1534년에 수장령(the supreme act)을 선포하고 영국 국교를 로마가톨릭에서 분리하고 스스로 영국교회(England Church)의 수장이 되어 이혼과 재혼을 허락 하도록 선언했습니다.

당시에 많이 썩어있는 로마가톨릭의 현실을 이유삼

아 헨리 8세는 가톨릭교회를 불사르고 수도원을 폐지하고 교회의 재산을 귀족들에게 분배하자 귀족들은 환영을 표시하며 헨리의 왕권을 강화시켜 주었습니다. 한편 둘째 부인 앤 볼레인을 시기하던 반대파들은 그녀를 모함하였습니다. 왕 헨리는 앤도 아들을 낳지 못한 것에 대해 앤을 미워하게 되었고, 그 결과 앤의 오빠와 그 측근들을 반역죄로, 그리고 앤을 간통죄로 몰아 1536년 5월 17일 참수시켰습니다.

앤 볼레인은 1534~1536년 까지 딱 1,000일 동안 영국의 왕비로 있었습니다. 이후 헨리 8세는 네 번 더 결혼을 하였습니다. 그 후 헨리 8세가 죽자 앤 볼레인의 시녀로 있다가 앤이 죽은 후 11일 만에 헨리 8세와 결혼한 세 번째 부인 제인 시모어(Jane Seymour)가 난 아들, 어린 에드워드 6세(Edward Ⅵ)가 9살의 나이에 왕위를 계승하였습니다. 그러나 즉위한지 6년 만에 폐렴으로 사망하자 9일이라는 짧은 기간 동안 헨리와 사촌뻘인 제인 그레이(Lady Jane Grey)를 거쳐 캐더린의 딸인 메리튜더(Mary T-udor)가 1553년에 잉글랜드의 여왕으로 즉위하였습니다. 사람들은 가톨릭교도인 메리튜더가 다시 영국의 국교를 가톨릭으로 바꾸기 위해 신교도들을 너무 많이 처형한 것 때문에 메리튜더를 일명 블러디 메리(Bloody Mary)라고 불렀습니다.

48. 스코틀랜드와 존 낙스(2)

스코틀랜드의 에딘버그에 있는 존 낙스의 집

메리 튜더가 왕위를 계승하자 자신과 어머니 캐더린이 가톨릭신자였기에 그리고 어머니가 폐위당한 원한 때문에 영국을 다시 가톨릭 국가로 만들기 위해 재위 5년 동안 수많은 사람들을 피로 물들게 하였습니다. 그러다 5년 만에 반대파들에 잡혀 죽자 왕위를 계승할 핏줄

이 없어 앤 볼레인(Anne Boleyn)의 딸인 엘리자베스 튜더 (1558-1603)가 우여곡절 끝에 왕위를 계승하고 엘리자베스 1세가 되었습니다. 그리고 엘리자베스 1세는 다시 영국교회를 재건하기 시작하였습니다.

그러나 한편으로, 당시 스코틀랜드의 여왕 메리 스튜어트는 영국의 엘리자베스 여왕의 왕위 계승에 반발하고 영국의 왕위 계승권을 주장하였습니다. 엘리자베스 여왕의 어머니인 앤 볼레인과 헨리 8세의 결혼은 로마교황이 정식으로 승인을 하지 않았기 때문에 엘리자베스 여왕은 사생아이고 따라서 영국 왕을 계승할 자격이 없다고 주장하였습니다. 헨리 8세의 누이인 마가랫 튜더가 스코틀랜드 왕 제임스 4세에게 시집을 와서 제임스 5세를 낳고 제임스 5세는 외동딸 메리 스튜어트를 낳았기 때문에 정상적으로 영국왕가의 핏줄을 가진 사람은 메리 스튜어트 자신뿐이라는 논리였습니다. 그 결과 왕위 계승 전쟁이 일어나게 되었습니다. 당시 스코틀랜드는 로마가톨릭을 유지하고 있었습니다. 그리고 이 전쟁에는 로마 가톨릭국가인 스페인과 메리 스튜어트의 외가인 프랑스가 가세하였습니다.

헨리 8세의 본처인 캐더린이 폐위되고 가톨릭을 배반한 영국에 적대감을 가진 스페인의 무적함대는 1558년 스코틀랜드의 메리 스튜어트 여왕을 돕기 위해 영국을 공격하였습니다. 이 스페인의 무적함대는 엘리자베스 여왕의 사촌인 챨스 하워드(Charles Howard) 와 프란시스 드레이크(Francis Drake)가 지원한 영국해군에 의해 레판토해전(Battle of Lepanto)에서 대패를 하였습니다. 후에 해적 출신의 드레이크는 이 공로로 엘리자베스 여왕에게 백작 작위를 받고 식민지 미국을 경영하라는 명에 의해 미국으로 건너갑니다. 그리고 미국 동부 윌리암스버그(Williamsburg) 에 총독부를 건설하고 초대 총독이 되었습니다. 이 주를 영국 여왕이 처녀였기에 버지니아(Virginia)라고 이름 짓고 여왕에게 이 땅을 헌납하게 되었습니다.

왕위 계승전에서 패배한 스코틀랜드 여왕 매리 스튜어트는 20년 동안 가택연금 당한 상태에서 계속되는 모반을 시도하다 사촌이기도 한 영국 여왕 엘리자베스 튜더의 명에 의해 어린 외동아들 제임스 스튜어트 6세를 남기고 1587년 목이 잘리는 참수(behead)를 당합니다. 당시 스코틀랜드 여왕 메리 스튜어트는 가톨릭이었으나 종교개혁이 앞선 아일랜드에서 건너온 존 낙스에 의해 국교가 장로교로 바뀌게 되었습니다.

한편 독신이었던 엘리자베스 여왕은 후손이 없었으므로 스코틀랜드의 메리 여왕의 아들인 스코틀랜드 왕 제임스 스튜어트 6세를 영국 왕의 계승자로 지명하였습니다. 스코틀랜드의 제임스 6세는 스코틀랜드의 에딘버러 성에서 런던의 윈저 성으로 이사를 오게 되고 드디어 영국의 제임스 1세가 되었습니다. 그리고 1707년 잉글랜드 의회와 스코틀랜드 의회는 역사적인 통합을 하게 되어 대영제국(United Kingdom)이 되었습니다.

49. 종교개혁시대의 세계(1)

울리히 쯔빙글리

　종교개혁운동(Protestant Reformation)은 이미 앞에서 언급한 것처럼 1517년 마틴 루터(Martin Luther)에 의해 시작된 교회의 개혁운동입니다. 독일에서 시작된 이 운동은 유럽전체에 큰 영향을 미쳤습니다. 그리고 뒤이어 스위스에서는 울리히 쯔빙글리(Ulrich Zwingli)의 개혁운동이 있었고, 그 뒤를 프랑스 출신의 존 칼빈(John Calvin)

이 이끄는 개혁이 이어졌습니다.

이런 시대 전 후에 체코에서는 존 후스(John Huss)의 개혁운동이 있었고 잉글랜드와 스코틀랜드에서는 존 위클리프(John Wycliffe)와 존 낙스(John Knox)의 개혁운동이 있었습니다. 이때에 유아세례를 부정하는 재세례파(Anabaptist)가 생겨나고, 재세례파에서 파생된 메노나이트(Mennonites)와 아미쉬(Amish)가 생겨납니다. 당시 유럽에서 크게 핍박을 받은 재세례파들인 메노나이트와 아미쉬는 미국과 러시아 등으로 이주하여 살게 되었습니다. 필자가 살던 미국의 인디아나에도 많은 메노나이트와 아미쉬가 살고 있었습니다. 이 때 프랑스와 스페인은 로마가톨릭 국가로 있었으나 섬나라 영국은 교황과의 관계를 끊으며 독립된 영국교회로 분리하면서 개혁운동의 영향 가운데 있게 되었습니다. 이웃한 스코틀랜드의 개혁운동 또한 많은 영향을 미치게 되었습니다. 그리고 앞서 언급한바와 같이 그 후 잉글랜드와 스코틀랜드가 하나의 통일된 국가로 발전하게 되었습니다.

이런 종교개혁의 시대에 유럽 대륙은 신성로마제국

이 있었습니다. 신성로마제국의 통치 영역은 현재의 프랑스 남동부로부터 이탈리아 북부 일대에까지 미치고 있었습니다. 크게 나누면 독일왕국, 이탈리아왕국, 그리고 부르군트왕국의 3개의 왕국이 있었습니다. 이것은 카롤링거왕조 시절 프랑크 국왕의 정식 칭호가 '프랑크인, 롬바르드인, 로마인의 보호자'인 전통을 계승하고 있는 것입니다. 신성로마제국의 황제는 각각 다른 장소에서 대관식을 치르고, 마지막으로 교황에 의해 로마 황제로 즉위한 후 제국 전체에 군림하였습니다. 신성로마제국 황제는 황제로서 즉위하기 전에는 로마 국왕으로 불렸습니다. 그리고 교황에 의해 황제로 추대되지 않았을 경우는 독일 왕으로 불렸습니다. 따라서 마틴 루터도 개혁운동의 초기에는 신성로마제국의 의회에 불려가기도 했었던 것입니다.

이 종교개혁운동의 물결이 유럽을 덮고 있던 시대의 바로 직전에 스페인이 지원한 크리스토퍼 콜럼버스에 의해 아메리카대륙이 발견되었습니다. 그 때에 옥수수, 감자, 그리고 초콜릿 등이 아메리카에서 유럽으로, 그리고 세계로 전해지게 되었습니다. 또한 종교개혁이 진행되는 시기에는 유럽과 동방의 중요한 교역로에 있던 비잔틴제국이 이슬람제국에게 상당한 지역을 빼앗기게 되었고, 따라서 중동지역의 무역로를 이슬람 국가와 상인들이 지배하는 상황이었습니다. 따라서 유럽의 국가들은 새로운 해상 무역로를 찾기 시작하였습니다.

그 시대 한반도는 일본의 침략에 의한 임진왜란을 겪는 시대였습니다.

50. 종교개혁시대의 세계(2)

영국의 극작가 윌리엄 세익스피어

유럽에서 1517년을 기점으로 기독교의 종교개혁운동이 일어난 16세기를 전후한 세계사 속의 사건들을 지난 과에 이어서 살펴보고자 합니다.

한반도는 14세기 말인 1392년에 고려가 망하고 조선이 세워졌습니다. 그리고 1446년에 세종대왕은 훈민정음을 반포하였습니다. 그 후 1592년에 일본이 조선을 침략하여 6년간의 큰 전쟁 후 1598년에 일본의 패배로 끝난 임진왜란이 있었습니다. 이 전쟁이 낳은 영웅으로 조선의 유명한 이순신 장군이 있습니다. 이 전쟁은 오랜 전국시대를 끝내고 1590년에 일본의 정권을 잡은 도요토미 히데요시가 동아시아 정복의 야망과 일본 내의 많은 불평세력들의 관심을 외부로 향하게 하려는 뜻에서 시작된 전쟁입니다.

당시 중국은 조선보다 조금 일찍 1368년에 주원장에 의해 세워진 명나라가 있었습니다. 그 명나라는 몽골족의 지배 속에서 세워진 원나라를 몰아내고 한족 중심으로 세워진 왕조이지만 그 후 1644년 만주에서 일어난 청나라에게 망하게 됩니다. 1582년에는 예수회 소속의 로마가톨릭의 선교사 마태오 리치(Matteo Ricci)에 의해 서양 과학이 명나라에 전해지기도하였습니다.

그리고 1601년에 조선의 사신으로 명나라에 갔던 이들에 의해 마태오 리치가 쓴〈천주실의〉가 조선에 소개되었습니다. 이때가 조선의 학자 이퇴계와 이율곡이 있었던 때이기도 합니다.

유럽에서는 종교개혁운동과 르네상스운동이 거의 동시대적인 일들로서 미켈란젤로, 레오나르도 다빈치, 라파엘 등의 미술과 건축의 유명한 인물들이 활동하였습니다. 그리고 지동설을 주장학고 망원경을 발명한 갈릴레오 갈릴레이(Galileo Galilei)와 프랑스의 철학자 데카르트, 그리고 영국의 유명한 극작가인 윌리엄 셰익스피어(William Shakespeare)가 그 시대의 인물입니다. 또한 프랑스의 과학자인 블레즈 파스칼(Blaise Pascal)과 영국의 과학자인 아이작 뉴턴(Isaac Newton)도 그 이후 등장하는 인물들입니다. 르네상스와 종교개혁운동 이후 1600년에 영국이 식민지 개척을 위해 동인도회사를 설립하자 그 뒤를 이어서 유럽의 여러 나라들이 그 대열에 참여하였습니다. 1602년에 네덜란드의 식민지 개척을 위한 동인도회사가 설립되고, 그 후 덴마크, 프랑스, 스웨덴이 동인도회사를 설립하였습니다.

1620년에는 영국의 청교도들이 배(메이플라워 호)를 타

고 대서양을 건너 미국 땅에 도착하였고, 그 유명한 하버
드대학이 1636년에 설립되었습니다. 그리고 앞서 언급
한대로 1644년에 중국의 명나라가 망하고 만주족인 누
루하치에 의해 청나라가 세워졌습니다.